丛书顾问

（以姓氏拼音字母为序）

顾明远　裴娣娜　史宁中　宋乃庆
田正平　叶　澜　钟秉林　朱小蔓

丛书编委会

主　任：张斌贤
委　员：（以姓氏拼音字母为序）

陈时见　程斯辉　褚宏启　杜成宪
范国睿　傅维利　高宝立　郭　戈
贺国庆　侯怀银　黄甫全　郝二军
靳玉乐　贾　娟　柳海民　刘贵华
刘海峰　刘立德　刘志军　楼世洲
马晓红　马云鹏　孟繁华　戚万学
司晓宏　石　鸥　石中英　孙杰远
田慧生　涂艳国　王建新　王嘉毅
王维平　吴康宁　肖　朗　徐小洲
徐　勇　余文森　翟　博　张民选
周洪宇　周作宇

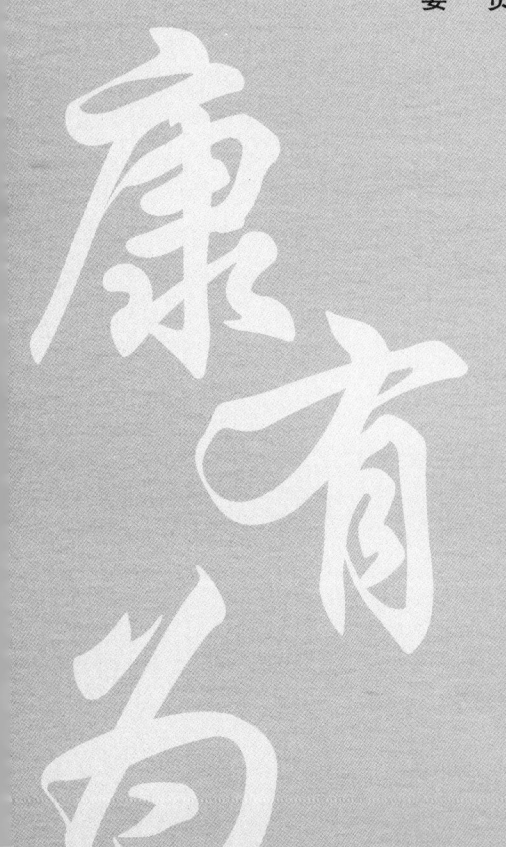

教育近代化中的康有为

中外历代教育家评传（教育薪火书系）·第一辑

王建军 ◎ 著

山西出版传媒集团
山西人民出版社

图书在版编目(CIP)数据

教育近代化中的康有为/王建军编著.—太原:山西人民出版社,2018.6
(中外历代教育家评传书系/张斌贤主编)
ISBN 978-7-203-09722-8

Ⅰ.①教… Ⅱ.①王… Ⅲ.①康有为(1858-1927)-教育思想-研究 Ⅳ.①G40-092.6

中国版本图书馆 CIP 数据核字(2016)第 215502 号

教育近代化中的康有为

编　　著：王建军
责任编辑：贾　娟
复　　审：李　鑫
终　　审：员荣亮
装帧设计：李尚斌　张国仁

出 版 者：山西出版传媒集团·山西人民出版社
地　　址：太原市建设南路 21 号
邮　　编：030012
发行营销：0351-4922220　4955996　4956039　4922127(传真)
天猫官网：http://sxrmcbs.tmall.com　电话:0351-4922159
E - mail：sxskcb@163.com　发行部
　　　　　sxskcb@126.com　总编室
网　　址：www.sxskcb.com

经 销 者：山西出版传媒集团·山西人民出版社
承 印 厂：山西出版传媒集团·山西人民印刷有限责任公司

开　　本：787mm×1092mm　1/16
印　　张：10
字　　数：200 千字
版　　次：2018 年 6 月　第 1 版
印　　次：2018 年 6 月　第 1 次印刷
书　　号：ISBN 978-7-203-09722-8
定　　价：32.00 元

如有印装质量问题请与本社联系调换

教育薪火　传承不息（总序）

钟秉林

在人类的历史长河中，教育一直伴随人类的文明进程在不断发展进步，那些弥足珍贵的教育著作、教育思想、教育人物和事迹，无时无刻不在拨动着教育工作者的心弦。我们永远无法忘记那些给我们留下宝贵思想财富的教育家，他们的思想、言论和实践，依然是激励我们教育工作者前进的动力。时至今日，教育的发展与变革更成为世界各国应对日趋激烈的国际竞争的重要战略。在科教兴国战略的指导下，党和国家对教育工作给予了高度的重视，深刻认识到教育家对教育事业的重要性。《国家中长期教育改革和发展规划纲要（2010—2020年）》就明确提出："创造有利条件，鼓励教师和校长在实践中大胆探索，创新教育模式和教育方法，形成教学特色和办学风格，造就一批教育家，倡导教育家办学。"

要想成长为教育家或者在教育实践中能够起到扛鼎作用并非易事，需要我们教育工作者吸收过往教育家留下来的丰富教育营养，清晰地认识什么是真正的教育家，教育家应该具备什么样的素质和条件，做到融会贯通，大胆实践，自成一家。与此同时，在教育改革的大背景下，普通教师同样迫切需要能够在教书育人过程中得到启迪和突破的催化剂，教育家的思想和实践是经过检验的真理，是教学启迪催化剂的最佳选择。

然而，在浩瀚的书海中，以教育家为主线、囊括中外、跨越古今、自成体系的书系并没有面世。山西的《新课程》杂志社和《现代职业教育》杂志社，在教育的广袤园地上深耕多年，熟知一线教师的需求，希望为普通教师策划一套教育理论普及读物，以使广大中小学教师能够"近距离"地接触中外历代教育家的教育思想、实践经验和办学理念，促进教育理论水平的提高，从而更好地开展教育教学实践。书系的策划人与张斌贤教授为理事长的中国教育学会教育史分会的夙愿不谋而合，合作编写一套大规模的、以教育家为主线的书系的想法随之形成。

策划团队把书系命名为"教育薪火"，是希望教育家的教育思想能够薪火相传，不断推动人类文明的发展。"教育薪火"书系拟分为三辑出版，按照中国古代、中国近现代、外国古代和外国近现代分类。第一辑共选择了一百余位中外教育家，一位教育家一本书，规模宏大，应该说能够在中国教育出版史上留下浓墨重彩的一笔。所选教育家都是经过书系编委会认真研究、充分论证而定的，他们在教育史上有较大的影响，能够启迪或者感染教育工作者，推进教育和教学的发展。当然，其中有的教育家更为名声在外的不是在教育上，但是他们在教育上的贡献毫不逊色于其他方面的贡献，比如我们熟知的一些革命家；另外，还包括了一些具有地方特色的教育家以及还没有被人们真正认识的教育家。

必须提及的是，中国教育学会教育史分会非常荣幸地邀请到我国著名的教育学者顾明远教授、叶澜教授、史宁中教授、宋乃庆教授、田正平教授、裴娣娜教授和朱小蔓教授等担任书系的顾问，成立了由40位教育学界具有重要影响的学者组成的编委会，为书系的质量保驾护航。

还需提及的是，《新课程》杂志社和《现代职业教育》杂志社为物色学有专长的作者付出了巨大的辛劳。书系的作者地域和院校分布广泛，既有北京师范大学、华东师范大学、东北师范大学、华中师范大学、陕西师范大学、南京师范大学、首都师范大学等师范院校的学者，也包括武汉大学、四川大学、南京大学、南开大学、天津大学、河北大学、河南大学等综合大学的教师。作者以教育史专业的中青年教师为主力军，他们朝气蓬勃、时代感强，研究范围涉猎较广，能大胆地探索和怀疑，一些新的教育研究成果不断涌现，为书系注入了难得的新鲜气息；他们与一线中青年教师同处一个频道，其思维模式很容易被接受。

客观而言，现在每年出版的教育类图书很多很多。一类为实践性强和操作性强的教学类图书，教师拿来就可以在课堂上使用；另一类为理论性强和学术性强的图书，印数少，流通范围小，普通教师往往望而却步。然而，教育理论只有指导教育实践才有存在的价值。在我看来，书系最具特色的价值就是秉承了教育理论通俗化这一理念，在教育理论研究者和普通教师之间架起了一道桥梁。书系以教育家为主线，坚持学术性与普及性并重，用通俗化的语言，或阐述教育家的教育思想精华，或叙写教育家的精彩教育事迹和教育实践，力图"润物细无声"，让教师喜欢读，在读中提高素养，深刻理解教育家，形成自己的理论，推进"教育家办学"。

当然，书系在真实性上也颇下功夫。以史料为依据，实事求是叙述，客观全面评价，不有意拔高教育家的贡献，注重教育家闪光点的挖掘和传播，是教育家历史画卷现代版的呈现。书系成规模、系统化，学术性和可读性强，具有较强的收藏价值，非常适合各中小学图书室和大学图书馆选择配置。

中国教育学会教育史分会为教育事业做了一件好事，张斌贤理事长请我作序，我觉得理应支持，欣然应允。

希望广大教育工作者能够认真阅读这套图书，为自己的教育职业生涯发展打下坚实基础，为成长为新时期的教育家而不懈努力。

丁酉年正月于北京

（作者系中国教育学会会长、北京师范大学原校长）

目 录

引子　天乎百亿千万劫，丘也东西南北人　　1

第一章　我爱登楼得高处，日看云气夜看书　　7
　一、"书香荐世汝应延"　　8
　二、"布衣何处不王侯"　　13
　三、"世界开新逢进化"　　17
　四、"英雄造事令人惊"　　25

第二章　万木森森散万花，垂珠连璧照红霞　　29
　一、"万木森森万玉鸣"　　30
　二、《长兴学记》定学规　　34
　三、激励气节重精神　　39
　四、东风呵护育万花　　43

第三章　天心民命讲堂在，誓拯疮痍救我人　　47
　一、理论建树须破立　　48
　二、救国之本在教育　　52
　三、聚会讲学唤民心　　57
　四、指引门径劝读书　　62

第四章　凭将士气扶中夏,泪洒山河对北风　　67
一、戊戌变法促维新　　68
二、倡改科举废八股　　73
三、疾呼兴学育人才　　77
四、强调译书派游学　　80

第五章　大同犹有道,吾欲度生民　　85
一、流亡国外忧救国　　86
二、憧憬大同思太平　　89
三、教育普及造天民　　94
四、标揭"物质救国论"　　99

第六章　五十八年忧国事,今年忧甚可沉冥　　103
一、"虚君共和"倡孔教　　104
二、参与复辟遭唾弃　　111
三、"吾道何之离索遥"　　115

第七章　知周乎万物,仁育乎群生　　121
一、内保国粹行孔道　　122
二、宣传科学为神教　　128
三、广收门徒乐为师　　132
四、天游学院显心志　　135

结语　天乎人间是何世,命也我生逢不辰　　139

引子　天乎百亿千万劫，丘也东西南北人

1927年，康有为跨入了人生的第70个年头。

康有为真正感到老了。虽然他企盼清室复辟，力倡孔教为国教的热望并不见有丝毫的减退，但力不从心的悲凉感却时时袭上他的心头。国共两党的合作，使广东国民政府的力量大增。原来被康有为看好并寄以复辟厚望的吴佩孚，在武昌贺汀桥一带被北伐军重创而难以再继。各地的工人运动和农民运动也随着北伐的节节胜利而不断高涨。这种大好的革命形势对于本来就幻想复辟的康有为来说犹如雪上加霜。他心里明白，复辟之梦是难以再圆了，环顾四周，昔日的门徒同党也大多对他敬而远之，愿意继承其衣钵者几近寥寥。他再也没有了当年振臂一呼的感召力了。每思及此，焉能不老？

康有为始终不能明白的是，是他自己亲手筑起了一道墙，把自己与时代隔绝开来。而当他真正意识到形单影只之后，他更决意用自己的顽固来与整个社会潮流相抗衡。1927年2月14日，清废帝溥仪22周岁的生日。康有为不顾年迈体弱，千里迢迢亲赴天津，以弼德院副院长的身份向溥仪祝寿。溥仪见他年事已高，免其三跪礼，使他感激涕零。就在康有为70岁生日的前一天，1927年3月7日，溥仪派人送来了亲笔书写的"岳峙渊清"匾额一副、玉如意一柄，以祝贺康有为寿辰。这更使康有为受宠若惊，他立即写下了《追述戊戌变法经过并向溥仪谢恩折》。他在文章中历数变法、蒙难、保皇、倒袁、复辟的经过，深深表达了"回天无术，行泽悲吟"的愧疚。为感谢溥仪的寿礼，康有为发自肺腑地说："此岂微臣所当被蒙，尤为老臣惊于受宠。付子孙传后世，永戴高天厚地之恩；以心肝奉至尊，愿效坠露轻尘之报。"[①]康有为命人将文章用小楷清缮，石印1000份，以备第

[①]康有为：《追述戊戌变法经过并向溥仪谢恩折》，姜义华，张荣华编校：《康有为全集》第十一集，北京：中国人民大学出版社，2007年版，第459页。

二天分赠祝寿客。诸事办毕，康有为长长地舒了一口气，说："吾一生心事已了。"

第二天，3月8日，康有为在上海寓所度过了他的70岁生日。人生七十古来稀。对于历尽磨难，一生坎坷而又久不得志的康有为来说，这一日子自然是非同寻常的。他仰俯人天，感慨万千，一大早便赋诗一首以抒胸臆，其中有四句：

> 天乎百亿千万劫，丘也东西南北人。
> 中国存亡自关命，高歌醉酒笔如神。①

这位七十古稀的老人，在这一天想起了两千多年前的孔子也是终生不得志，然而其死后却是身价倍增，名誉声望直令后人羡慕不已。70岁的康有为已没有别的奢望，只希望自己身后也能如孔子那样，享有数不尽的殊荣。因而，这首诗既是自诩也是自勉，其间既有得意也有愤世，表达了七十高龄的康有为坚意要以卓然超俗、天马行空的态度与时代、与社会抗争的志向。

这一天，他穿起了清朝的补绣官服，向前来祝寿的门生和政客们展示着昔日的辉煌和一生的志向。这一天，康有为忙着与家人合影留念，与来宾们寒暄。但这种得意只是短暂的。这种强撑门面的闹剧并没有给康有为带来更多的精神慰藉。当贺客告辞，喧嚣散去，身着清朝礼服的康有为又被浓重的悲凉深深地笼罩。他独处孤室，凄凉地写下了《记事述怀诗七章》。诗中概述其七十个春秋的险艰情伪，哀伤清王朝的覆灭与复辟的失败。面对溥仪的被逐出宫和北伐战争的胜利，他在最后一章中只能发出生不逢时的哀鸣：

> 满地干戈惨惨民，乾坤毁矣痛蒙尘。
> 天乎人间是何世，命也我生逢不辰。

当然，这一天弟子们的敬师之情使康有为多少还是有所慰藉的。尤其是因张

---

① 康有为：《花甲周日示同复》，姜义华，张荣华编校：《康有为全集》第十二集，北京：中国人民大学出版社，2007年版，第411页。

勋复辟事件而与康有为公然决裂的梁启超,特地从北京赶来贺寿,并亲撰寿文一篇,寿联一副,并恭笔正楷书写于寿屏之上。这使康有为倍感欣慰。其寿联为:

> 述先圣之玄意,整百家之不齐,入此岁来年七十矣。
> 奉觞豆于国叟,致欢忻于春酒,亲授业者盖三千焉。

梁启超在寿文中写道:

> 启超等或于役京国,或息影家园,或栖迟海外,不能一一抠衣趋祝。惟往往风晨雨夕相促膝,话畴昔少年同学事,则心魂温而神志飞扬,谓为有生第一至乐。而知先生亦必有以乐乎此也,乃以所以乐先生者为先生寿。

字里行间,充溢着温馨的师生之情和对老师的爱戴之心。这一情怀对于久历政海的康有为来说或许已是久违了,但学生们是不会忘记的。学生们不会忘怀老师的诲育之恩,不会忘怀老师开创万木草堂的历史功绩,也不会忘怀老师在戊戌变法中为民族为国家所作的贡献。当然,他们也希望老师能达观豁达,安度晚年,梁启超真诚地说:"戊戌以后之新中国,惟先生实手辟之。今之少年,或能讥弹先生,然而导河积石,孰非闻先生之风而兴者,事苟有济,成之何必在我,先生其亦或可稍抒悲悯,雍容扶杖,以待一阳之至也。"①70寿辰能收到这样一份贺礼,康有为应该是知足了吧?

人生多有巧合,历尽沧桑的康有为在临近人生终点之时竟收到意义如此迥异的两件礼物。一件是从政治角度,封建遗老遗少以"岳峙渊清"来赞誉康有为对大清朝廷的忠诚;一件是从教育角度,门人弟子们以"话畴昔少年同学事,则心魂温而神志飞扬"来感谢老师的诲育之恩。政治家兮?教育家兮?抑或康有为的人生里程就应该由这两种评价来画上句号?

生日过后,康有为决定离开上海去青岛。当时北伐军正在向上海挺进,康有为不愿受到革命洪流的冲击,他买好了3月18日去青岛的轮船票。据其女儿康同璧的回忆:"先君去沪时,亲自检点遗稿,并将礼服携带。临行,巡视园中殆遍,

---

① 丁文江、赵丰田编:《梁启超年谱长编》,上海:上海人民出版社,1983年版,第1124页。

且说:'我与上海缘尽矣!'以其相片分赠工友,以作纪念,若预知永别者焉。"①

康有为在3月21日到达青岛,但他的心情并不能因此好转。每到夜间他总要独自仰观天象,最后的结论总是"完了,完了"的重述。一日参加广东同乡的宴请,因吃了不洁之食物,导致腹痛呕吐。经医治后,病情稍有好转,子夜时分,他又照例观看天象,照例又说"完了,完了",然后说:"中国我无立足之地了,但我是不能死在外国的。"这时已是凌晨两点多了。至清晨5时30分,康有为溘然长逝于青岛福山路6号"天游堂"居室。

康有为带着巨大的遗憾走了。当年曾在中国近代历史上叱咤风云的时代骄子,最后竟以落伍者的落魄结局结束了他的生命进程。这种判若天渊的人生历程自然也就成为历史研究的谜。

在中国近代史上,康有为以他大起大落的作为使其生前死后招致诸多的盛誉和责难,诸如维新领袖、保皇党魁、教育泰斗、复辟的祖师爷……这些截然相反各趋极端的评价竟集于康有为一身,这在近代人物中也是少见的。还是他的弟子们聪明,面对世人对康有为莫衷一是的议论,他们在充分宣扬康有为在维新运动的历史功绩之外,则异口同声地礼赞康有为作为大教育家的资格。梁启超说:

> 先生能为大政治家与否,吾不敢知。虽然,其为大教育家,则昭昭明甚也。先生不徒有教育家之精神而已,又备教育家之资格,其品行方峻,其威仪严整。其授业也,循循善诱,至诚恳恳,殆孔子所谓诲人不倦者焉。其讲演也,如大海潮,如狮子吼,善能振荡学者之脑气,使之愯息感动,终身不能忘,又常反复说明,使听者涣然冰释,怡然理顺,心悦而诚服。②

张伯桢说:

> 世之论先生者,不失之溢美,即失之讥弹,然舍政治弗论,专就草堂教育

---

①梁启超:《南海康先生传》,夏晓虹编:《追忆康有为》,北京:中国广播电视出版社,1997年版,第8—9页。
②康同璧:《南海康先生年谱续编》,楼宇烈编:《康南海自编年谱(外二种)》,北京:中华书局,1992年版,第235页。

引子 天乎百亿千万劫,丘也东西南北人

言之,则先生亦自有其不朽者在。①

陆乃翔等人也在传记中强调:

先生之为何人物不可定,若其教育之成效已昭昭矣。盖先生以其极博之学,至深之思,而又有中正之行,威严之仪,宽裕之德,肫肫之仁,不倦之诲,大雄之辩,于大教育家之资格,无不具备。又穷而在下,日以成就人才为己任,故诱掖奖劝,妙为风化。②

梁启勋的话说得更绝:

假令康先生终身讲学,不作政治活动,其在社会上所起的作用更大。用其所短,惜哉。③

弟子们对恩师的偏爱自然是情理之中的事,但康有为在中国近代教育改革进程中的特殊贡献也确是早有公论,康有为跻身近代教育家的行列也当之无愧。但问题在于,对康有为在近代教育进程中的作用该作如何的历史定位,这并不取决于他的学问多么渊博、教学多么精湛,而取决于他在近代教育改革潮流中的历史角色。而这种历史角色的定位又不同于政治家那样壁垒分明。由于影响教育发展的社会因素错综复杂,教育家身处其中的价值取向也就不是靠着"进步"与"反动"的标签就可以简单判断的。这就有必要通过追踪康有为的历史足迹,探寻康有为的心灵轨迹来认识作为教育家的康有为。历史研究的复杂性就在这里,历史研究的魅力也在这里。

---

① 张伯桢:《万木草堂始末》,陈汉才校注:《长兴学记》附录六,广州:广东高等教育出版社,1991年版,第101页。
② 陆乃翔等:《南海先生传》上编,夏晓虹编:《追忆康有为》,北京:中国广播电视出版社,1997年版,第68页。
③ 梁启勋:《万木草堂忆旧》,夏晓虹编:《追忆康有为》,北京:中国广播电视出版社,1997年版,第241页。

第一章

我爱登楼得高处,日看云气夜看书

一、"书香荐世汝应延"

清光绪十四年（1888），康有为31岁了。

这一年又是乡试之年。按孔子的说法，三十岁是人生的而立之年。这一说法使很多中国人在这一年龄门槛前油然萌发出新的遐想和期待，而康有为的家人对康有为的这一份期待则更抱有特定的指向和迫切的回应，那就是康氏家族希望康有为能够在这次科考中金榜题名，载誉而归。这是康氏家族期盼多少年的愿望。虽然康有为自幼聪颖，神锋开豁，5岁能诵诗，6岁能属对，7岁能作文，12岁尽读周世孔氏之遗文，但科场上的康有为总是运气不佳。14岁首次参加童试，落榜。15岁再试，再次落榜。直到16岁方通过童试，获得秀才身份。19岁开始参加乡试，首战失利。25岁入京参加顺天乡试，又是不第而归。28岁依然是"乡试不售"。康有为科考的每一次失利，都给他的家人带来深深的失望，但同时又一次促使他的家人燃起期望之火。这一次，康有为能否在乡试中顺利过关，亲人们翘首以待。人们生活在一种特定的文化秩序之中，其行为往往更多的具有社会性。中国古代文人皓首穷经，耗毕生精力于科场而不悔，这既是个人生命价值的追求，更是社会期待所使然。中国历代文人所迸发出来的那股坚韧不拔的毅力，与这样"屡败屡试"的锤炼恐怕是不无关系的，传统的中国人的生命价值也就是通过这样的"屡败屡试"而得以升华。

正因为此，康氏家族的人对康有为的期待则显得更加焦虑，更加揪心。他们看到，虽是考期临近，但康有为似乎并不在忙乎八股试帖的练习，而是在翻检着自己近年所写的一些文稿。落日余晖中，他常常孤身一人久久地徘徊于花木成荫的家园，陷入深深的思考之中。对此，亲人们是十分担心的。康有为厌恶八股制艺是早已出名的，22岁那年他还在一首诗中公然写下了"道丧官私惟帖括"的句子。而屡次的科场失败也很可能会导致康有为放弃这次机会,那康氏家族的希望之火也就根本没有了燎原之势。直到康有为的好友、翰林院编修张鼎华从北京数次来信,催促康有为再度来京,康有为北上的行程才最终确定,随身的行李也终于捆扎停当,康家的亲人们这才长长地舒了口气。

起程的前一天傍晚,康有为早早地离开了亲人们为他饯行的酒席,独自一人来到了绿树葱郁、古木参天的"七桧园"。康有为中等身材,眼不大却炯炯有神,英气逼人,肤色较黑,浑身上下透出一股刚正硬朗、成熟稳重又不乏热情的气息。人生有志,30岁应该是一个有所作为的年龄了。30年来的苦苦追求,对康有为来说是够艰辛的了。如果不能趁年富力强之时崭露头角,可能一生心血将付之东流。而要显身扬名,在当时的社会环境下,唯有科场高第方才具有可能性。想到此,康有为不禁长长地叹了一口气。

在苏村,康氏家族是一个世代为儒为吏的封建官僚大家族。据康有为记述,南海康氏的始祖于宋朝末年,家族自南雄县迁来南海县银塘乡的苏村。传至第9代开始为士人,流泽至康有为,凡为士人13世。其中有从军仕宦者,也有科举仕宦者。在儒学至尊的封建时代,为官为吏者都少不得能文善诗,封建大家族的维系更少不得"学而优则仕"的训诫。康有为说:"吾家实以教授世其家。"①这话不假。康氏祖先世以理学传家,其高祖康辉(文耀)为嘉庆举人,学宗程朱,回乡授徒讲学,设"炳堂家塾";其曾祖康式鹏继承家学,改尊陆王,讲学于乡,以醇儒闻名于乡;祖父康赞修历任合浦、灵山、连州训导,以学官终其一生;其叔祖父康国器因镇压太平天国有功,在外做了大官。晚年回到家乡,筑宗祠,修园林,建书楼,藏书达数万卷。康有为少年读书便得利于此。其父康达初是江西候补知县,曾游学于岭南儒学大师朱次琦之门。这样一个书香门第,自然就把金榜题名、光宗耀祖的希望寄托在康有为身上了。

---

①康有为:《康南海自编年谱》,楼宇烈编:《康南海自编年谱(外二种)》,北京:中华书局,1992年版,第2页。

教育近代化中的康有为

　　康有为又何尝不知亲人们对他的殷切厚望。31年前,当康有为呱呱坠地于广东省南海县银塘乡的苏村时,远在钦州任职的祖父康赞修获知长孙诞生,喜不自禁,立即修书一封,为小孙子取名"有钦"。钦者,恭敬、敬重也。康家香火后继有人,康门腾达来年有望,对此当然须恭敬,须敬重啊。老先生又随信赋诗《闻长孙有钦生》,其中"画省孤灯官独冷,书香再世汝应延"两句,深切地寄托了康氏家族对康有为的厚望。

　　但是,当这封家书还在邮路上悠悠传递之时,康有为的伯祖父康学修已迫不及待地为他取定了"有为"之名。为者,做也,行也。家族的飞黄腾达,还须后代有所作为。"有为"二字连用,其意更为明确,其情更为深切。

　　康有为5岁时,叔伯们便开始教他诵读唐诗。6岁,康家请来番禺简凤仪先生,让他向康有为教授《大学》《中庸》《论语》,并朱注《孝经》。读书之余,父辈们常课以属对,以试康有为的才气。每当康有为出语不凡,父辈们总是欣喜异常,禁不住地夸奖他:"此子终非池中之物也。"8岁,祖父康赞修去广府学宫和南海学宫讲学,便经常将康有为带在身边,督促他读书诵经。康有为10岁时,其父病逝。临终前,康有为"跪聆遗训,谕以立志勉学,教以孝亲,友爱姊弟"[①]。这些充溢着康家父辈殷殷之情的历历往事,深深烙印在康有为幼小的心田。

　　当然,在康有为幼小的心灵中,康家父辈所期望他的并不仅仅是做个光宗耀祖的孝子,还希望他能做个显世扬名的忠臣。在这一方面,对他影响最大的要算他的祖父康赞修。其父去世后,康有为跟随康赞修住在连州官舍,"连州公日夜摩导以先儒高义,文学条理,始览《纲鉴》而知古今,次观《大清会典》《东华录》而知掌故,遂读《明史》《三国志》"。读书之余,康赞修爱带着康有为登高游历。每遇名胜古迹,老先生便就地取材,谈古论今,授以诗文,教以道义。每有"圣贤之学,先正之风,凡两庑之贤哲,寺观之祖师,儒流之大贤,以若碑帖诗文中才名之士,

---

① 康有为:《康南海自编年谱》,楼宇烈编:《康南海自编年谱(外二种)》,北京:中华书局,1992年版,第4页。

皆随时指告"①。康有为对祖父的教诲十分感激,终生难忘。康有为20岁那一年,他的祖父在连州任上遇水灾而死,清政府为褒奖康赞修以身殉职的行为,赐予康有为荫监生的资格。对此,康有为更是感恩戴德。他给自己取名"祖诒",便是为了纪念乃祖的荫德,为了报效朝廷的恩德。封建主义的忠孝之义已在康有为幼小的心灵中深深地扎下了根。

而要实现这一目标,在科举制度至高无上的时代,康有为只有一条路可走,那就是争取金榜题名。在封建时代,朝廷、社会、家庭对这一人生价值取向高度一致,生于斯长于斯的康有为当然难以摆脱这一羁绊。然而惭愧的是,康有为在科场上却屡战屡败。

想到这里,康有为不禁自嘲地苦笑了一下。

是自己读书不肯下功夫?康有为轻轻地摇了摇头。康有为自小读书有一股狠劲,这在他的家乡是出了名的。他对自己每天的读书有一定的规定,不读完决不罢休,即使通宵达旦也在所不辞。他读书时十分投入,往往是一卷在手,孜孜以求,忘乎所以。有时在七桧园边走边看,读到入神处,还会摇头晃脑地背诵起来,甚至一头撞在树干上而不觉。乡人们因他读书入迷而戏称其为"戆康"。

是自己读书迂腐呆板?康有为又轻轻地摇了摇头。康有为自幼读书神锋开豁,思维敏锐,思想活跃。每每掩卷遐思,常常与古人同悲同乐。读到兴起时,他往往欣然命笔,为诗为文,常常以古代名士文人自诩,写出许多豪迈跌宕的文字。他与昆弟聚学,常有诗酒之欢。他与叔伯论学,最喜属对唱和。随从祖父出游名胜,得知识日进。常与亲友嬉戏园林,有棋咏之乐。在少年康有为身上,绝少当时读书士子身上所具有的迂腐气息。

那么,是自己读书视野狭窄、志向短小?康有为还是轻轻地摇了摇头。康有为读书不拘一格。他自小求知欲特别旺盛,喜欢博览群书,尤其酷爱阅读经说、

---

①康有为:《康南海自编年谱》,楼宇烈编:《康南海自编年谱(外二种)》,北京:中华书局,1992年版,第4页。

史学、考据之书。11岁开始,他就广泛地接触了史书史鉴。读史之余,又杂览群书。深深触动康有为心灵的是古代名士文人的胸怀志向和英雄人物的非凡壮举。虽然少年康有为生活于封建世家,所受教育主要还是封闭式的封建正统教育,但近代风云也已经沁入康有为的生活之中。11岁时,他随祖父在连州官舍,得以经常阅读清政府下发的《邸报》,因而对朝廷政事有了初步的了解,对洋务派所进行的改革事业有了初步的认识,"而慷慨有远志矣"。17岁时,在家族的藏书中,他竟然翻到了《瀛环志略》《地球图》这一类的书籍,开始向世界投去了惊异的眼光。

大概是经常跟随祖父外出的缘故吧,康有为自幼喜爱游历山水。大自然的舒展辽阔之气魄,名胜古迹的悠远深邃之神韵,常常令康有为心旷神怡,心高志远。12岁那年,他与祖父登连州城北的画不如楼。少年康有为立即为那万山连绵、林泉连云的壮丽景致所震撼,一首意气风发的言志之诗从康有为心中淙淙流出:

> 万松乱石著仙居,绝好青山画不如。
> 我爱登楼得高处,日看云气夜看书。①

这明快、淡雅、气势不凡的诗句,展现了少年康有为非凡的才华和高远的心志。爱登楼,爱高处,这也正是康有为青少年读书的一种追求。

然而,这样的读书追求与封建朝廷及家族父辈所期望的成名之路并不完全是一回事,这样的读书志趣与科举考试的八股制艺更是格格不入,这就导致少年康有为对八股时文的抵触和不满。从康有为本人所撰写的《康南海自编年谱》可以看出,康氏家族为康有为请了多位教师,辅导他攻读经书时文,但他兴趣不大。12岁的记载有"时为制艺文,援笔辄成,但不好之,不工也"的句子;13岁的

---

① 康有为:《侍连州公登城画不如楼》,姜义华、张荣华编校:《康有为全集》第十二集,北京:中国人民大学出版社,2007年版,第142页。

记载有"先祖以予不好八股文,于时专责为此业"的句子;15岁的记载有"再试童子试不售,于时专督责为八股小题文,性不好也","两年费日力于试事及八股,进学最寡矣"的句子;16岁的记载有"于时益吐弃八股,名为学文,绝不一作,诸父极责,大诘之先祖前"的句子;18岁的记载有"是时督责甚严,专事八股,一切学皆舍去,但还乡则得披涉群书耳"的句子。在封建传统教育占统治地位的当时,少年康有为深深地陷于时文制艺和博览群书的矛盾之中。康有为先后从师有七、八位之多,但却没有一个能帮他指点迷津。父辈亲人对他关怀有加,但却没有一人能够理解他厌恶八股文的心情。这种痛苦紧紧地噬咬着少年康有为的心。正如他后来所说:"当是时窥书甚多,见闻杂博而无师承门径。唯凭好学而妄行,东挦西扯,苦无向导也。"①

思及此,康有为长长地叹了一口气。环顾着这熟悉的家园,康有为心中交织着一种复杂的感情。亲人们爱他、疼他,但对他心中的痛苦却无法理解。这家园是他读书信马由缰的避风港,但他心中的追求却与家族的期望和社会的标准总是不能融汇一处。

"书香再世汝应延",这份期待成为少年康有为心中沉重的包袱。

二、"布衣何处不王侯"

天边的晚霞逐渐隐去了其最后的色彩,夜幕笼罩大地,几颗星星闪烁在东边的夜空中。康有为出神地凝望着夜空中的星星,又一次想起了青年时代对他影响最大的两位老师:第一位是南海九江的朱次琦,第二位是翰林院编修张鼎华。

康有为19岁那一年首应乡试,便因不善八股文而遭遇落榜,于是"愤学业之无成",投师岭南儒学大师朱次琦之学门。

---

① 陆乃翔等:《南海先生传》上编,夏晓虹编:《追忆康有为》,北京:中国广播电视出版社,1997年版,第39-40页。

教育近代化中的康有为

朱次琦(1807—1881),广东南海县九江太平村人。早年中进士,曾在山西任过190天的知县,之后便辞官回乡,在南海九江创礼山草堂授徒。他是康有为祖父的好朋友,康有为的父亲也出自他的门下。朱次琦是一位理学大师,但他对当时学术界、教育界的陈腐学风绝不苟同。他认为读经的目的在于"济人经世",因而在学问上,他一方面不囿于传统的汉宋门户之见,理学也是既主程朱,间采陆王,而归宗于孔子。另一方面,他又极力倡导经世致用,注重修身,强烈抨击充斥当时社会的浮华与罪恶。这种学问宗旨使久缚于八股时文之累的康有为耳目一新,别开生面。朱次琦的教学以"四行五学"为宗旨。所谓四行,即敦行孝悌、崇尚名节、变化气质、检摄威仪。所谓五学,即经学、文学、掌故之学、性理之学、词章之学。这种将读书与修身相结合的教学风格使康有为认识到了传统教育的真谛,他在《康南海自编年谱》中说:"先生动止有法,进退有度,强记博闻,每议一事,论一学,贯穿今古,能举其词,发先圣大道之本,举修己爱人之义,扫去汉宋之门户,而归宗于孔子。"他后来在《朱九江先生佚文序》中说:朱次琦"以躬行为宗,以无欲为尚,气节摩青苍,穷极问学,舍汉释宋,原本孔子,而以经世救民为归。古之学术有在于是者,则吾师朱九江先生以之。"[①]

就是这样的一个导师,使康有为第一次认识到了学问之大。在朱次琦的指导下,康有为大肆着力于群书,攻周礼、仪礼、尔雅、说文、水经之学,楚辞、汉书、文选、杜诗、徐庾文,皆能背诵。他每天天未明而起,夜分乃寝,兼综而并鹜,融会而贯通。学业的奋进,使康有为的求知欲大增。以往涉猎群书,苦无门径,现得先生点拨,与同学探讨,而焕然融释贯串,使康有为益自得自信。康有为十分庆幸能遇上这么一位好老师。他在《康南海自编年谱》中说:

> 于时捧手受教,乃如旅人之得宿,盲者之睹明,乃洗心绝欲,一意归依,以圣贤为必可期,以群书为三十岁前必可尽读,以一身为必能有立,以天下为必可为。从此谢绝科举之文,士芥富贵之事,超然立于群伦之表,与古贤豪君子为群。[②]

[①] 康有为:《朱九江先生佚文序》,姜义华,张荣华编校:《康有为全集》第九集,北京:中国人民大学出版社,2007年版,第8页。

[②] 康有为:《康南海自编年谱》,楼宇烈编:《康南海自编年谱(外二种)》,北京:中华书局,1992年,第7页。

这一番话，将康有为多年积压在胸中的志向情趣袒露得淋漓尽致。立志于圣贤之学，立志以天下为己任，这是康有为从中国传统文化中所探索到的一个真谛。如果说这个愿望在以前还只是一种冲动，还只是一种朦胧的感觉，那么，经过礼山草堂的学习，康有为已经将其升华为一种理念、一种信仰了。

对此，康有为对恩师朱次琦的敬爱之情是刻骨铭心的。他在《康南海自编年谱》中对朱次琦作了这样的评价："先生壁立万仞，而其学平实敦大，皆出躬行之余，以末世俗污，特重气节，而主济人经世，不为无用之空谈高论。"这种学风对康有为的一生产生了巨大的影响。

康有为与张鼎华的相识则颇有戏剧性。其事因还得由礼山草堂的学习讲起。康有为在朱次琦的指导下，学习大有收益，但也常有苦闷之处。他的学习善于独立思考，不盲从尊长，不人云亦云，常有新鲜独特的见解脱颖而出。这在师道尊严的时代，他的这种作为在同学中就显得执拗而清高。有一次，他对韩愈的学问提出了非议，而朱次琦却是非常推崇韩愈。两相交锋，先生斥责其太狂，同学也因此目其为"狂生"。刚刚萌发起来的学术批判意识便遭到了师友们的斥责和冷落，这使康有为很是失望。缺乏知音的孤独感又一次从他的心底迸发出来。他觉得如此盲从尊长，即使著书满家，又有何用？于是他对这种"日埋故纸堆中，汨其灵明"的学习日渐厌烦。然而出路何在，康有为百思不得其解。于是他索性绝学捐书，闭户谢友，静坐养心。静坐时，康有为或见天地万物皆我一体，大放光明，自以为圣人，则欣喜而笑。或思苍生之困苦，则闷然而哭。同窗见他歌哭无常，皆认为他因狂而心痛。不得已，康有为于1878年冬辞别了朱次琦先生，告别了苦读三年的礼山草堂。但是应向何处去，连他自己都不知道。无奈之下，他登上了风景秀丽的南海西樵山。

西樵山西北麓有一石洞，相传是明朝学者何白云的读书之所。这里景色幽绝，白云缭绕，人称白云洞。康有为在此租下一个房间，专攻儒佛之道，养神明、弃渣滓。他时或啸歌为诗文，徘徊散发，时或枕卧石窟瀑泉之间，席芳草、临清流。康有为沉醉于修柯遮云清泉满听的胜境之中，常夜坐弥月不睡，恣意游思，天上人间，极苦极乐，皆现身试之。一日，翰林院编修张鼎华游览西樵山，远远看

教育近代化中的康有为

见康有为正仰卧在一方巨石上,衣履不整、披头散发,时而发愣直视苍天,时而长啸似歌似哭。张鼎华好生奇怪,上前询问,不料却遭到康有为极不耐烦的顶撞,两人不欢而散。张鼎华回到广州,每与人谈及此事,总带有一种夸赞的口吻。康有为得知后甚为感动,便写了一封情文并茂的书信,向张鼎华道歉。至是,两人遂成忘年之交。

张鼎华,字延秋,广东番禺人。他13岁登科,32岁入翰林,曾任职军机处,是久居京官的耆宿,也是京师久负盛名的学者。他才学广博,强记过人。康有为与之交谈,常为他的博闻妙解所叹服。尤其是他将京朝风气、近时人物、各种新书及道光、咸丰、同治三朝的掌故介绍给康有为,使康有为眼界大开。每次通宵达旦的交谈,康有为都为张鼎华那神锋朗照、谈词如云的谈吐所感染。"吾自师九江先生,而得闻圣贤大道之绪。自友延秋先生,而得博中原文献之传"。在康有为苦苦求索而不得之时,张鼎华的启迪,犹如给他打开了一扇窗户,给了他一个更为广阔的视角。国家的命运,时代的风云,与康有为立志于圣贤之学的志向交汇在一起,使康有为的思想为之振奋。一种要冲出世俗社会以寻找新路的朦胧愿望开始撞击他的心头。康有为决心"舍弃考据、帖括之学,专意养心,既念民生艰难,天与我聪明才力拯救之。乃哀物悼世,以经营天下为志"[①]。

方向一旦明确,康有为的精神面貌便有了明显的改观。有次他乘兴登上广州越秀山的镇海楼,苍劲雄厚的镇海楼楹联跃入康有为的眼帘:

万千劫危楼尚存,问谁摘斗摩霄,目空今古?
五百年故侯安在,使我倚栏看剑,泪洒英雄。

举目远眺,看山、观水、思云、听风,镇海楼的楹联与面前的壮阔景观在康有为心中糅合成一种全新的境界,一首《登粤秀山顶五层楼》的诗句从心中缓缓流出:

登山飘渺又登楼,风起云飞揽九州。

[①] 康有为:《康南海自编年谱》,楼宇烈编:《康南海自编年谱(外二种)》,北京:中华书局,1992年版,第9页。

> 沧海有时经烬劫,布衣何处不王侯。
> 袖中纳纳乾坤易,眼底芒芒星汉浮。
> 云水此身频出入,珠江花发又扁舟。①

在"沧海有时经烬劫"的苦难时代,年轻的康有为喊出了"布衣何处不王侯"的心声。这一志向主导了康有为的一生。

思及此,独步"七桧园"的康有为长长地舒了一口气,抬头看见月亮已高悬在夜空。皎洁的月光柔和地洒落在大地,万物都披上了一层淡淡的银白色。

三、"世界开新逢进化"

康有为探索的道路是艰辛的,然而又是幸运的。虽然他的求索也是茫然无所凭借,但毕竟已不是龚自珍的时代了。鸦片战争前夕的龚自珍虽然已深切感受到国势的衰败,但苦于找不到出路,只能面对苍天发出"我劝天公重抖擞"的哀叹。而康有为生活的时代,欧风美雨的浸润已时有经年,观察世界的窗口已经洞开,洋务运动正奠定基业,一批启蒙思想家正喧嚣着阵阵呐喊。时代的脉搏震荡着康有为的心田,使康有为对求索充满信心和执著。

1879年,22岁的康有为于家乡养病,写下了《苏村卧病写怀》四首,表达了他意欲改革政治的远大抱负。其中一首写道:

> 纵横宙台一微尘,偶到人间阅廿春。
> 世界开新逢进化,贤师受道愧传薪。
> 名山渺莽千秋业,大地苍茫七尺身。
> 南望九江北京国,拊心辜负总酸辛。②

---

①康有为:《登粤秀山顶五层楼》,姜义华、张荣华编校:《康有为全集》第十二集,北京:中国人民大学出版社,2007年版,第143页。

②康有为:《苏村卧病写怀》,姜义华、张荣华编校:《康有为全集》第十二集,北京:中国人民大学出版社,2007年版,第145页。

教育近代化中的康有为

开创名山事业,这是康有为意欲"王侯"的远大抱负,也是他眼光较之当时洋务派和早期启蒙思想家的高明之处。洋务派和早期启蒙思想家们比较多的是从一事一物的改革着手来推动中国近代化的改革历程,而康有为则意欲开创一种新的理论以图从根本上救国救民于水火。他感谢南海九江朱次琦大师给了他中国传统的底蕴和历史的眼光,他感谢"京国"张鼎华恩师给了他政治的意识和时代的眼光。他坚信依靠自己的努力就一定能够成就他心中的千秋伟业。

病体稍愈,康有为去了一趟香港,那是1879年底。漫步在香港街头,康有为的心情是复杂的。香港是繁荣的,自《南京条约》签订至今还不到四十年,香港已一改过去破败荒凉的面貌,房屋鳞次栉比,道路宽敞整洁。康有为对此很有感触,他说:"览西人宫室之瑰丽,道路之整洁,巡捕之严密,乃始知西人治国有法度,不得以古旧之夷狄视之。"①但这种赞叹并没有使康有为忘记国耻。康有为看到,在这片中国大地上,港湾陈列着的是英国战舰,港口堆积着的是鸦片、烟土,路上奔驰着英国官员乘坐的马车,山上遍布着洋人的别墅。此景此情,使康有为悲愤交加,他在《初游香港睹欧亚各洲俗》一诗中这样写道:

灵岛神皋聚百旗,别峰通电线单微。
半空楼阁凌云起,大海艨艟破浪飞。
夹道红尘驰膘褭,沿山绿围闹芳菲。
伤心信美非吾土,锦帕蛮靴满目非。②

对资本主义的赞叹与对国家衰败的痛惜,使康有为坚定了效法西方资本主义改革中国、富强中国的信念。

在香港期间,康有为遇到了一位名叫陈焕鸣的同乡,并为他家里所收藏的日本书籍所惊叹。翻着这些书籍,康有为感受到了日本改革的新潮流,并被日本人

---

① 康有为:《康南海自编年谱》,楼宇烈编:《康南海自编年谱(外二种)》,北京:中华书局,1992年版,第9—10页。
② 康有为:《初游香港睹欧亚各洲俗》,姜义华、张荣华编校:《康有为全集》第十二集,北京:中国人民大学出版社,2007年版,第143页。

为探求富国之路而勤奋治学的精神所折服。由此,康有为萌发了通过日本书籍学习西学的想法,这也成为日后他积极倡导广译日本书、广派日本游学的缘由。这样,康有为除了托陈焕鸣以后代买日本书籍外,自己也选购了一批地球图及各种西学书籍。

自香港返乡,康有为主要居家读书。他一方面辅导诸弟读经,另一方面则专精涉猎,勤奋读书。为了探求中国社会变革的真谛,康有为开始深入钻研《周礼》《王制》《太平经国书》《文献通考》《经世文编》《天下郡国利病书》《读史方舆纪要》等历史书籍,又翻看了《海国图志》《瀛环志略》以及《西国近事汇编》《环游地球新录》等书,力图从中找寻救世利民的方案。

还是在苏村,还是在七桧园,康有为开始了新的冲击。他读书乡园,跬步不出,惜时如金,日以寸记。他在记叙1881年读书生活中说:"苦身力行,以明儒吴康斋之坚苦为法,以白沙之潇洒自命,以亭林之经济为学。"①每于黄昏日暮,他漫步园林,长啸独歌,看花洗竹。临夜静思,他仰观长桥落月,游思诸天之故;瞰迥塘鱼静,洞察诸界之理。徘徊还家后他犹复点灯,读书不已,以此为恒。以致久坐积劳,臀生"核刺",两度求医,割之不效,遗下病根。

光绪八年(1882)五月,康有为参加顺天乡试。借此机会他游京师、谒太学、叩石鼓、瞻宫阙,购碑刻,讲金石之学。返乡途中,又游扬州、镇江,登平山堂,泛舟金焦,再游上海。他特意到上海的租界去看了看。同是上海,租界内外两重天地,使他"益知西人治术之有本",于是他对西方学术更是增添了兴趣。在上海,他大量购买江南制造总局翻译馆所出的西书。年底回到家乡,"自是大讲西学,始尽释故见"②。

学业的奋进,视野的开阔,中西文化知识的积累,使康有为对宇宙、对人生有了更深入的认识。他说:"读《东华录》《大清会典则例》《十朝圣训》及国朝掌故

---

① 康有为:《康南海自编年谱》,楼宇烈编:《康南海自编年谱(外二种)》,北京:中华书局,1992年版,第10页。

② 康有为:《康南海自编年谱》,楼宇烈编:《康南海自编年谱(外二种)》,北京:中华书局,1992年版,第11页。

书,购《万国公报》,大攻西学书,声、光、化、电、重学及各国史志,诸人游记皆涉焉。于时欲辑《万国文献通考》,并及乐律、韵学、地图学,是时绝意试事,专精问学,新识深思,妙悟精理。俯读仰思,日新大进。"他读中学,不在固守旧学道义,他攻西学,不在满足科技知识,而是运用中学西艺之精华,力图对历史和现实、中国和世界、自然和社会的关系,从哲学的高度去思辨其中奥秘。他通过显微镜的观测而悟出宇宙自然的大小齐同之理,他通过晓悟电机光速而领略了宇宙自然的久速齐同之理。他从世界万物都根源于元气之混沌、阴阳之变化,而推知世界之将来必是"务以仁为主,故奉天合地,以合国合种合教一统地球。又推一统之后,人类语言文字饮食衣服宫室之变制,人民通同公之法,务致诸生于极乐世界"。虽然康有为所接触的西学知识是极为粗浅的,他的这种思辨也是极为幼稚、极为牵强的,但是他的探求精神却是可敬的。他玄思冥想,为文不忘人伦日用。他"合经子之奥言,探儒佛之微旨,参中西之新理,穷天人之赜变,搜合诸教,披析大地,剖析今故,穷察后来",是企望把内在的思想修养化作治国正俗的事功,是为了树立"日日以救世为心,刻刻以救世为事,舍身命而为之"①的志向。

康有为一旦将这些认识用于观察社会,其改革社会的主张便随之萌动了。1885年至1887年间,康有为陆续完成了《实理公法全书》《康子内外篇》《教学通义》等文章。

《实理公法全书》一书中,康有为试图借用几何学的原理来讨论人类公理,并借阐发孔子据乱、升平、太平之理,以论地球及人类社会大同之理。他在书中说:"凡天下之大,不外义理、制度两端。义理者何?曰实理,曰公理,曰私理是也。制度者何?曰公法,曰比例之公法、私法是也。实理明则公法定,间有不能定者,则以有益于人道者为断,然二者均合众人之见定之。"②

《康子内外篇》由15篇文章组成,《内篇》言天地人物之理,《外篇》言政教艺

---

① 康有为:《康南海自编年谱》,楼宇烈编:《康南海自编年谱(外二种)》,北京:中华书局,1992年版,第12-13页。
② 康有为:《实理公法全书》,姜义华、张荣华编校:《康有为全集》第一集,北京:中国人民大学出版社,2007年版,第147页。

乐之事。在这些文章中,康有为对改革社会提出了一些独到的见解,并表达了他立志改革社会的心愿。他认为中国的改革刻不容缓,改革是中国富强之本,而改革思路应顺应时代潮流。他说:"凡言治者,非徒法先王法后王可以为治也,当酌古今之宜,会通其沿革,损益其得失,而后能治也。"①他认为中国要改革,人的意识是至关重要的因素。因为社会在演进,时代在变化,只有"鉴古观后,穷天地造化之故,综人物生生之理,探智巧之变,极教治之道"②,才能顺应时代潮流,因而人的学习与智力便十分重要。人而有智才能知爱恶,才有政教、礼仪、文章,才能认识气、力、质、形、光、声、体、神等八统物理。他说:"夫有人形而后有智,有智而后有理。理者人之所立。贾谊谓立君臣尊上下,此非天之所为,乃人之所设。故理者,人理也。"③因此,人的智力的高下是影响一个社会、国家强弱的关键因素。康有为愿意为此而奋斗,他说:"吾惟哀生民之多艰,故破常操,坏方隅,孜孜焉起而言治,以不忍人之心,行不忍人之政,虽尧、舜之心,不过是也。"④坚持改革的重要条件是培养人才,"天下虽无才,而吾可激而厉之,养而成之",如此天下之才不可胜用,便可致力民富国强,达到"三年而规模成,十年而本末举,二十年而为政于地球,三十年而道化成矣。于以雪祖宗之愤耻,恢华夏之声教,存圣伦于将泯,维王教于渐坠。威乎威乎,千载一时也"。⑤

正因为如此,康有为十分重视教育在社会变革中的重要作用。1886年写成的《教学通义》是康有为的第一篇论述教育问题的专著。他在书中开篇明确提出了他的观点:"今天下治之不举,由教学之不修也。"所谓教学之不修,是指现世的教育已背离了传统教育的初衷,以致造成才智之民少而国力衰弱的严重后果。康有为认为,要根本改变这一困境,必须"上推唐虞,中述周孔,下称朱子,明教

---

① 康有为:《康子内外篇》,姜义华,张荣华编校:《康有为全集》第一集,北京:中国人民大学出版社,2007年版,第98页。
② 康有为:《康子内外篇》,姜义华,张荣华编校:《康有为全集》第一集,北京:中国人民大学出版社,2007年版,第100页。
③ 康有为:《康子内外篇》,姜义华,张荣华编校:《康有为全集》第一集,北京:中国人民大学出版社,2007年,第111页。
④ 康有为:《康子内外篇》,姜义华,张荣华编校:《康有为全集》第一集,北京:中国人民大学出版社,2007年,第97页。
⑤ 康有为:《康子内外篇》,姜义华,张荣华编校:《康有为全集》第一集,北京:中国人民大学出版社,2007年,第99页。

学之分,别师儒官学之条,举六艺之意,统而贯之,条而理之,反古复始,创法立制"①。这一教育改革思想成为贯穿全书的主线。

在康有为的眼中,中国古代虞周时期的教育是相当完满的。从教育内容来看,那时的教育是本末兼顾,道器并举。"礼教伦理立,事物制作备,二者人道所由立也。立教伦理,德行也;事物制作,道艺也。后圣所谓教,教此也;所谓学,学此也。"②正由于此,当时的德行道艺莫不有学,士、农、工、商、贾莫不有学。"下于民者浅,上于士者深;散于民者公,专于吏者私。"③康有为讲的公学,是指天下凡人所必须学习的知识,是礼教伦理等有关身心修养的知识。他将其分为四大类:一曰幼学,有文字知识和礼节;二曰德行学,有智、仁、圣、义、中、和等六德和孝、友、睦、姻、任、恤等六行;三曰艺学,有礼、乐、射、御、书、数;四曰国法,有本朝政令、教治戒禁等。而私学则是指一人一家所传授的专门知识,是人们用以治世谋生的专业本领。它既有做人之道的礼学、乐学、兵学、御学、书学、数学,也包括实际应用的化材之学、医学、巫学、地舆之学、亲民之学、教化之学,还有研究性质的农学(耕畜)、使学(外交)、名学(刑法)、计学(会计)等。这样人人各有专学,则各致其精。人人才智并骛,皆足以致君国之用。④

从教育体制来看,虞周时期的教育也是相当完满的。康有为强调:"今推虞制,别而分之有教,有学,有官。教,言德行遍天下之民者也;学,兼道执艺于士者也;官,以任职专于吏者也。"⑤他认为,有虞一代将教、学、官三者分途是合理的。"教"是社会教育,"学"是学校教育,"官"是在职教育。三者分途并进,彼此互相

---

①康有为:《教学通义》,姜义华,张荣华编校:《康有为全集》第一集,北京:中国人民大学出版社,2007年,第19页。
②康有为:《教学通义》,姜义华,张荣华编校:《康有为全集》第一集,北京:中国人民大学出版社,2007年,第20页。
③康有为:《教学通义》,姜义华,张荣华编校:《康有为全集》第一集,北京:中国人民大学出版社,2007年版,第21页。
④康有为:《教学通义》,姜义华,张荣华编校:《康有为全集》第一集,北京:中国人民大学出版社,2007年版,第21-26页。
⑤康有为:《教学通义》,姜义华,张荣华编校:《康有为全集》第一集,北京:中国人民大学出版社,2007年版,第21页。

配合,达到了提高社会整体素质的目的。而学校的设立,正如《学记》中所言,做到了家有塾、党有庠、术有序、国有学,学校遍布,教育普及。

但是,后世却把这些好的教育传统给丢弃了,造成了用者不学、学者不用的教育局面。首先,后世把"教""学""官"三者混淆,造成"合教于学,教士而不及民;合官学于士学,教士而不及吏,于是三者合而为一。而所谓教士者,又以章句词章当之,于是一者亦亡,而古者教学之法扫地尽矣"①。其次,教学内容也全是空疏无用的东西。比如礼、乐、射、御、书、数这些切于民用者,却不下究于民。而《易》《春秋》这些大儒卿士的学问,却责之于童子。教学不传授先王之道,却教一些不完不备之文。"若稽古"三字训至万言,而射、乐、数三艺不留一字,好虚而不务实,竞浮华而不周于用。教育学术以古为尚,致使巨学耆儒,问以国故而不通,询以时事而不知,考以民生而不达。"以此为教,而欲求治才,何异于北行而之楚,缘木而求鱼也。"②由此导致了社会人才的严重匮乏,"患专官无才吏,专学无才士,患田无才农,城无才工,市无才商,山无才虞,百艺技巧无才奸,国家无所藉以为治。此今日学之大患也"③。再次,后世选拔人才皆骛于文而轻视实学。不论是汉之察举,还是隋唐至明清之科举,全是利禄之梯,而绝不是教士之学。科举课试,不是传经师章句,就是吟歌赋诗,都不足以成就人才。结果导致了"材者由于学则柱以坏,不材者由于学则偃以成,教之无本而不行,取之虽骤而不获"④的严重后果。

康有为认为,要根本改变这种状况,只有"推求变化,知所鉴观,以反其本"才可能"教学有兴"⑤。因而他建议:"反古复始,创法立制。"所谓反古复始,就是

---

① 康有为:《教学通义》,姜义华,张荣华编校:《康有为全集》第一集,北京:中国人民大学出版社,2007年版,第21页。
② 康有为:《教学通义》,姜义华,张荣华编校:《康有为全集》第一集,北京:中国人民大学出版社,2007年版,第45页。
③ 康有为:《教学通义》,姜义华,张荣华编校:《康有为全集》第一集,北京:中国人民大学出版社,2007年版,第44页。
④ 康有为:《教学通义》,姜义华,张荣华编校:《康有为全集》第一集,北京:中国人民大学出版社,2007年版,第42页。
⑤ 康有为:《教学通义》,姜义华,张荣华编校:《康有为全集》第一集,北京:中国人民大学出版社,2007年版,第21页。

要恢复古代合理的教育制度。但这绝不是泥古不化,而是要通古观今,尤其要切合时代潮流。他明确主张:"今言教学,皆不泥于古,以可行于今者为用。"①他强调:"善言古者,必切于今。善言教者,必通于治。"②要切合当今时代变化而返其本,这就是康有为教育改革的根本主张。所谓创法立制,就是以立法的形式来规划和确立教育的体制和教育的要求。因为他看到,教育的改革如果不以变法为先导是不可能行得通的。他特别强调:"由今之学,不变今之法,而欲与之立国牧民之,未之有也。"③

由社会的变革而检讨人才,由人才的匮乏而反思教学,由教学的不修而呼唤教育的改革,康有为的教育改革思想已经萌发。很显然,康有为教育改革的出发点是中国社会的改革,这就使他对教育改革的思考带有鲜明的社会意义,并且必然会融入中国近代社会变革的时代潮流之中。康有为也正是从这一点上领悟到自己所肩负的历史使命,领悟到古代知识分子以天下为己任的自觉。他在《康子内外篇·不忍篇》中豪迈地说:

> 我有血气,于是有觉知,而有不忍人之心焉。以匹夫之力,旦夕之年,其为不忍之心几何哉?余故知此哉!无如有不忍人之气,有不忍人之欲,虽知所就有限,姑亦纵之,小则一家,远则一国,大则地球。④

夜深了,七桧园静寂了下来,苏村也一片静谧,除了偶尔传来一两声狗叫,大地在夜幕中安睡了。康有为虽然多次流连于风月之夜,徘徊于林泉之胜,然独独今天,他被这美好的夜色感动了。他多么希望普天之下所有人都能在这样美好的夜色中无忧无虑地进入梦乡,而不必再为颠沛困苦的生活而难以成眠。此行北

---

① 康有为:《教学通义》,姜义华,张荣华编校:《康有为全集》第一集,北京:中国人民大学出版社,2007年版,第45页。
② 康有为:《教学通义》,姜义华,张荣华编校:《康有为全集》第一集,北京:中国人民大学出版社,2007年版,第19页。
③ 康有为:《教学通义》,姜义华,张荣华编校:《康有为全集》第一集,北京:中国人民大学出版社,2007年版,第44页。
④ 康有为:《康子内外篇》,姜义华,张荣华编校:《康有为全集》第一集,北京:中国人民大学出版社,2007年版,第104页。

上，他下决心要为苦难的国家、苦难的人民去奔波呐喊。他知道自己人微言轻，他急盼有个利于施展拳脚的好条件，这成了他既万般无奈而又依然属意科举的主要原因。但这绝不是此次北上的兴奋中心。康有为的思想关注点已经为内忧外患的国家命运所牵累、所支配。他似乎已经意识到此次北上将会对他的人生进程产生不同寻常的影响，心中不免激动起来，遥想即将踏足的上京之路，一首诗在他的脑海中形成了：

> 落拓燕台橐笔行，飘零书剑路千程。
> 海疆万里兵戈戍，春色一年莺燕声。
> 才士例应住京洛，幽人何解事公卿。
> 素衣深恐缁尘涴，岂敢投襦入帝京。①

康有为担心久居官场会被世俗所污染，这次北上，无论结果如何，都要保持独立不羁的士大夫情怀。沉思之中，忽然他感觉到衣角被人拉了一下，回头一看，正是他的两个女儿同薇和同璧。顺着她们的手指方向看去，他的发妻张云珠正站在远处的树下，含情脉脉地望着他。

四、"英雄造事令人惊"

当然，这次乡试的结果，康有为依然是榜上无名。

但康有为并未将这结果看得过重。康有为到北京不久，张鼎华病重，不久去世，康有为一直参与其丧事。而中国的内外困境也时时牵动着康有为的神经。1888年的北京并不安宁，内忧外患的消息不时在京城传播。东边有日本侵占高丽，正虎视眈眈于吉林；西边有英国图谋西藏，意欲染指四川、云南；北边有俄国加紧修筑铁路，威胁盛京；南边有法国屡造事端于安南，以谋求云南、广东。国内则灾害迭起，有黄河决口，有江淮苦旱，有广东大水，有京师大风地震。外侵交迫，内患不断。兵弱财穷，国势衰微。然而清朝统治者却依然在酣嬉偷惰，苟安旦夕。他们于国势而不顾，大兴土木，修建颐和园。耳闻目睹了这种种境况，康有为

---

① 康有为：《除夕答从兄沛然秀才》，姜义华，张荣华编校：《康有为全集》第十二集，北京：中国人民大学出版社，2007年版，第145页。

教育近代化中的康有为

在书斋中坐不住了。他谒明陵,过昌平城遥望居庸关,登万里长城,游西山。祖国的大好河山,进一步激发了他的爱国情怀。在八达岭上,他登高极望,辄有山河人民之感。他追古抚今,深感国事日蹙,中国发愤,只有此数年闲暇。及时变法,犹可支持。过此不治,后欲为之,外患日逼,势无及矣。深重的忧患感化作了一首深沉的《登万里长城》:

　　秦时楼堞汉家营,匹马高秋抚旧城。
　　鞭石千峰上云汉,连天万里压幽并。
　　东穷碧海群山立,西带黄河落日明。
　　且勿却胡论功绩,英雄造事令人惊。①

康有为决定不再沉默了。他奋笔疾书,给朝廷的重要官员潘祖荫、翁同龢、徐桐写信,书陈大计而责之,京城一时哗然。这一年的12月,清朝祖陵崩塌,康有为借机向光绪皇帝上奏了一篇《为国势危蹙祖陵奇变请下诏罪己及时图治折》(即《上清帝第一书》)。一个微不足道的荫生,竟斗胆向光绪皇帝上书,指陈国事,评论政局,提出"变成法""通下情""慎左右"的改革主张,要求清政府变法图强。这一举动足可见年轻的康有为之志向和胆魄。其忧国忧民,其有胆有识,人生有志,莫过于此。人生三十立志于此,则胜过科场虚名百倍。

康有为是真诚的。面对外夷交迫、内难不已的情况,他痛恨的是统治者对此熟视无睹,依旧歌舞升平。在《上清帝第一书》中,他直率地指出,统治者这种行为是"忘祖宗艰大之托,国家神器之重矣"。他希望清朝统治者能革除弊政,参酌古今中外的法制,变法兴治。他希望清朝统治者能放下架子,广开言路,"使臣下人人得尽其言于前,天下人人得献其才于上"②。他希望清朝统治者能做到"去谗慝而近忠良,妙选魁垒端方通知古今之士,日侍左右"。他相信只要"以政事纬之,地利既开,于是通商惠工,敬教劝学,授材任能,岂有以中国地方万里之大,人民四万万之众,物产二十六万种之多,而患贫弱哉?"③

---

①康有为:《登万里长城》,姜义华,张荣华编校:《康有为全集》第十二集,北京:中国人民大学出版社,2007年版,第158页。
②康有为:《上清帝第一书》,姜义华,张荣华编校:《康有为全集》第一集,北京:中国人民大学出版社,2007年版,第184页。
③康有为:《上清帝第一书》,姜义华,张荣华编校:《康有为全集》第一集,北京:中国人民大学出版社,2007年版,第181页。

但是,在封建专制的时代,先行者是孤独的。康有为后来说:"自黎纯斋后,无以诸生上书者。当时大恶洋务,更未有请变法之人。吾以至微贱,首倡此论,朝士大攻之。"①徐勤在追述当时情形时说:"自同治元年黎纯斋后,数十年无布衣诸生上书言事者,咸骇为非常之举,京师哗然。"②陆乃翔在记述此事时说:"是时绝无布衣诸生上书者,成大怪而姗笑之。"③梁启超在介绍这一事件时说:"当时举京师之人,咸以康为病狂,大臣阻格,不为上达。"④

康有为的上书终没有成功。他在京城滞留了一年多,通过多方面的努力,以图用自己的主张影响朝廷,促成变法,但结果是事事皆不如意。光绪十五年(1889)九月,康有为怀着失望的心情离开了北京。一辆简陋的木轮柴车载着康有为缓缓驰出城门,一种去国怀乡之情涌上心头。他看到奸臣把持朝政,士夫掩口,士气尽靡,中国之变法可望而不可期的现实,心中充满无限惆怅,"回首五云宫阙迥,柴车恻恻怆余心"⑤,悲愤的《己丑上书不达出都》二首便从心中缓缓流出:

> 落魄空为《梁父吟》,英雄迟暮感黄金。
> 长安乞食谁人识,只许朱公知季心。
> 海水夜啸黑风猎,杜鹃啼血铁山裂。
> 虎豹狰狞守九关,帝阍沉沉叫不得。⑥

腐败的清朝政治就这样给年轻的康有为上了第一课。

---

①康有为:《康南海自编年谱》,楼宇烈编:《康南海自编年谱(外二种)》,北京:中华书局,1992年版,第15页。
②徐勤:《南海先生四上书杂记》,夏晓虹编:《追忆康有为》,北京:中国广播电视出版社,1997年版,第292页。
③陆乃翔等:《南海先生传》上编,夏晓虹编:《追忆康有为》,北京:中国广播电视出版社,1997年版,第45页。
④梁启超:《戊戌政变记》,张品兴主编:《梁启超全集》,北京:北京出版社,1999年版,第181页。
⑤康有为:《去国吟》,姜义华,张荣华编校:《康有为全集》第十二集,北京:中国人民大学出版社,2007年版,第166页。
⑥康有为:《己丑上书不达出都》,姜义华,张荣华编校:《康有为全集》第十二集,北京:中国人民大学出版社,2007年版,第174页。

教育近代化中的康有为

但是,康有为以救世为心的志向并不是因感情冲动而心血来潮产生的,而是建立在反复探索的理性思辨基础之上的。在离京前夕,康有为给好友沈曾植写了一封长达数千字的信,"举生平之志学相告",其中谈及三十年来的苦苦追求:

> 十一龄知属文,读《会典》《通鉴》《明史》。十五后涉说部、兵家书,于时憒不知学,而时有奇特之想。将近冠年,从九江朱先生游,乃知学术之大,于是约己肄学,始研经穷史,及为骈散文词,博采纵涉,渔猎不休,如是者六七年。二十四五乃翻然于记诵之学,近于溲闻,乃弃小学、考据、诗词、骈体不为。于是内返之躬行心得,外求之经纬世务,研辨宋元以来诸儒义理之说,及古今掌故之得失,以及外夷政事、学术之异,乐律、天文、算术之琐,深思造化之故,而悟天地人物生生之理,及治教之宜,阴阖阳辟,变化错综,独立远游,至乙酉之年而学大定,不复有进矣。①

乙酉之年,即1885年,康有为28岁。所谓"学大定,不复有进",意指其经过多年的学习思考,终于形成了他的思想体系。这一年,他开始撰写《实理公法全书》《康子内外篇》和《教学通议》等书。他经过长期的上下求索,终于学有所得,"不忍人之心横决骤发"。然而,不意一腔热血,换来的却是如此结果。面对挫折,出路何在?康有为自我追问:"我无土地,无人民,无统绪,无事权,为之奈何?"紧接着,他又追问一句:"或者其托于教乎?"②以教育养士,效仿孔子之作为的打算油然浮上他的心头。

---

① 康有为:《与沈刑部子培书》,姜义华,张荣华编校:《康有为全集》第一集,北京:中国人民大学出版社,2007年版,第237页。

② 康有为:《与沈刑部子培书》,姜义华,张荣华编校:《康有为全集》第一集,北京:中国人民大学出版社,2007年版,第238页。

第二章

万木森森散万花，垂珠连璧照红霞

教育近代化中的康有为

一、"万木森森万玉鸣"

京师上书未达，康有为怅然离别京都。他一路南下，游西湖、苏州、虎丘，入九江，登庐山，谒白鹿洞，望鄱阳湖，经武昌、汉阳，登黄鹤楼晴晖阁。风光迤逦的江山美景，使康有为萌发出强烈的思乡之念："东山白云日夜飞，西樵山下柘桑肥。百亩耕花花埭宅，先生归去未应非。"①他看到这次在京城搜集的大批碑刻拓本，一度曾陶醉于"澹如楼中七桧下，摊碑瀹茗且听潮"②的桃园生活的梦想之中。而一旦回首危亡日蹙的国家命运，康有为又不忍坐视，"治安一策知难上，只是江湖心未灰"的诗句真实地道出了他报国心切却志向难酬。他想起了隐居山野的诸葛亮，踌躇满志地抒发了"眼中战国成争鹿，海内人才孰卧龙？抚剑长号归去也，千山风雨啸青峰"③的豪情。正是纠缠于这种激愤心情的折磨，他游江南，"不堪去国怀乡客，夜夜孤蓬听雨声"④。他过石城，"夜雨打孤舟，愁绝不得酒。一灯照寒江，拥被伤怀久"⑤。他登上黄鹤楼，"极目暮天帆历乱，中原万里对西风"⑥。时而高昂时而低沉的情绪波动，就这么紧紧地噬咬着康有为的心。中华民族正面临着艰难的历史选择，康有为个人的志向也被裹挟于这一时代的潮流之中。面对时代的呼唤，康有为"抚剑长号"的激越，风月听潮的滋润，最终组合成其人生抉

---

① 康有为：《去国吟》，姜义华，张荣华编校：《康有为全集》第十二集，北京：中国人民大学出版社，2007年版，第166页。
② 康有为：《去国吟》，姜义华，张荣华编校：《康有为全集》第十二集，北京：中国人民大学出版社，2007年版，第166页。
③ 康有为：《出都留别诸公》，姜义华，张荣华编校：《康有为全集》第十二集，北京：中国人民大学出版社，2007年版，第165页。
④ 康有为：《自杭入苏》，姜义华，张荣华编校：《康有为全集》第十二集，北京：中国人民大学出版社，2007年版，第167页。
⑤ 康有为：《过石城》，姜义华，张荣华编校：《康有为全集》第十二集，北京：中国人民大学出版社，2007年版，第168页。
⑥ 康有为：《登黄鹤楼》，姜义华，张荣华编校：《康有为全集》第十二集，北京：中国人民大学出版社，2007年版，第171页。

择的合力。光绪十五年（1889）十二月，康有为回到了家乡。次年春，康有为举家迁居广州，迈出了进一步参与国事的步伐。

地处南粤的广州，鸦片战争以后，已经成为近代社会变革的热点地区。通商口岸活跃着与西方国家的经济往来，孕育了广州人民较为开放的文化心理，也营造了广州地区相对宽松的政治环境和思想氛围。林则徐、魏源就是在广州最早提出了"师夷长技以制夷"的口号，后来的洋务派也把广州作为创办洋务学堂的主要基地之一。康有为意欲借助这样的地域优势来构筑和宣传他的维新理论，扩大维新变法的影响，组织维新变法的队伍，确实是经过深思熟虑的。康有为全家先是在广州的徽州会馆住了一段时间，后来便搬进了位于布政司前惠爱街的曾祖父的老屋云衢书屋。在这间祖居的老屋里，康有为追古溯今，详究历代朝制国故之利病得失，辟独得之新理，寻一贯之真谛，隐然以天下为己任。随着其维新理论架构的成熟，他越来越急切地要作用于社会，康有为决定招生办学。

但办学并非轻而易举之事。据吴敬轩《康圣人的故事》所载，当时在社会上开办教馆的非举人即进士翰林，康有为乃一监生，竟也意欲与之比肩，当时便引起人们的嘲讽。有人在其广告上以淡墨书之曰："监生亦居然出而教馆乎？"广告悬贴半月，不见一个学生光顾。当时在广州城内开办教馆最有影响的石德芬，一日因事外出，请康有为代其出堂讲书。康有为得此千载一时之机，乃逞其海涵自负之才、悬河不竭之口，旁征博引，独出新解。一席既终，学生咸互相骇愕，以为闻所未闻[①]。时任广州学督的石德芬请康有为教冬课于府学孝悌祠。因此，在这一年的九月，康有为的影响借此在青年学子中扩散开来，这是事实。但在这之前，光绪十六年三月的一天，一位年轻学子就敲开了云衢书屋的大门。执礼相见，康有为了解到面前的这位学子乃是南海同乡、正在广州学海堂攻读考据学的陈千秋。陈千秋年少而学博，善经学及辞章考据之学，尤谙熟历朝掌故。陈千秋听说了康有为去年在京上书的壮举，于是怀着仰慕之情登门求见。康有为见其潜心考

---

① 吴敬轩：《康圣人的故事》，夏晓虹编：《追忆康有为》，北京：中国广播电视出版社，1997年版，第211–212页。

据,便与之多次论辩诗礼,泛及诸经,告之以孔子改制之义,仁道合群之原,及考据旧学之无用,使常年沉湎于考据之学中的陈千秋恍然醒悟。六月,陈千秋拜康有为为师,及门受业。八月,陈千秋又引学海堂同学、新会的年轻举人梁启超登门。梁启超自恃年轻中举,国学深厚,未将康有为放在眼里。康有为则"以大海潮音,作狮子吼,取其所挟之数百年无用旧学",一一批驳无完肤,使梁启超直感"冷水浇背,当头一棒,一旦尽失其故垒,惘惘然不知所从事,且惊且喜,且怨且艾,且疑且惧"①。经过一夜的不眠苦思,梁启超第二天一早再次登门,决意悉弃旧学,拜康有为为师。

康有为从这两个青年学子身上看到中国学风之坏,已经将经世致用的传统丢弃殆尽。在空疏无用的学风熏染下,学者一无所志,二无所知,惟利禄之是慕,惟帖括之是学,依靠这等人才何以能够救国?因此,欲救中国,当首先育人。培育人才,振兴教育,乃是救中国于水火的第一步。对康有为的办学动机,梁启超后来是这样评价的:"先生以为欲任天下之事,开中国之新世界,莫亟于教育,乃归讲学于粤城。"②另一弟子陈千秋也作如是说:"吾师康先生,思圣道之衰,悯王制之缺,慨然发愤,思易天下,既绌之于国,乃讲学于乡。"③陆乃翔等人也同意此说,认为康有为"以国民之愚,而人才之乏也。非别制造新国之才,不足以救国,乃决归讲学于粤城"④。弟子们的这些评价是符合历史事实的。

光绪十七年(1891)春,康有为应陈千秋、梁启超之请,租赁广州长兴里邱氏书屋(今广州中山四路长兴里3号)正式开设学堂,取名长兴学舍,自任总教授、总监督。

《康南海自编年谱》中说:"光绪十七年辛卯,三十四岁。始开堂于长兴里,讲学,著《长兴学记》,以为学规。与诸子日夕讲业,大发求仁之义,而讲中外之故,救中国之法。"

---

① 梁启超:《三十自述》,张品兴主编:《梁启超全集》,北京:北京出版社,1999年版,第958页。
② 梁启超:《南海康先生传》,夏晓虹编:《追忆康有为》,北京:中国广播电视出版社,1997年版,第6页。
③ 陈千秋:《长兴学记·跋》,陈汉才校注:《长兴学记》,广州:广东高等教育出版社,1991年版,第66页。
④ 陆乃翔等:《南海先生传》上编,夏晓虹编:《追忆康有为》,北京:中国广播电视出版社,1997年版,第47页。

第二章 万木森森散万花,垂珠连璧照红霞

学门既开,有志青年趋之日众,陈千秋、梁启超、徐勤、韩文举、梁朝杰、曹泰、王觉任、麦孟华、陈和泽、林奎等相继集中于康门。1892年正月,曾在四川任知县后调任广东翁源县知事的龙泽厚仰慕康有为的精湛学术和爱国精神,登门拜康有为为师。康有为命其与陈千秋充任学长,进一步健全了学堂的组织结构。当时也在广州设馆办学的陈子褒,早已从梁启超处闻知康有为的学术人格,1893年与康有为同应乡试,陈子褒考中第五名,康有为名列第八。放榜之日,同年大会,陈子褒与康有为相会,一见倾倒,即执贽为弟子。卢湘父与陈子褒亲戚,便询问康师如何,陈子褒回信说:"上下三千年,纵横九万里,康先生尽之矣。"于是卢湘父也投身康门了①。这是一群天真烂漫朝气蓬勃的青年,他们为求学而走到了一起,相爱若昆弟,康有为亦视之如子侄。当年上书未达而深深笼罩在康有为心头的孤独感,也被这热气腾腾的求学场面所染而渐渐释然。组织团体,培养维新骨干,集结维新力量的信念在康有为心中益发明朗。不久,邱氏书屋已是人才济济。1892年,康有为移讲堂至广州卫边街邝氏祠(今广州市广卫路)。到1893年冬,邝氏祠又是人满为患,康有为决定再迁校址。在梁启超和徐勤的筹集经费,尤其是徐勤的慷慨捐助下,康有为以10年期租赁下了广府学宫仰高祠(今广州市第一工人文化宫),正式向社会亮出学堂招牌的决心在康有为脑海酝酿成熟。

是夜,月光皎洁。广州的冬天不冷,广州的冬夜弥漫着一股温馨气息。静谧的云衢书屋,一豆油灯闪烁着细细的火苗,桌上铺开的宣纸尚未着墨,饱蘸浓墨的笔静静地横架在砚台上。康有为沉浸在深深的思考之中。

将"长兴学舍"继续昭示于新的校址显然不再适宜。"学舍"虽然有别于一般的"书屋",但它毕竟带有文化启蒙的意味,不足以体现养育变法维新人才的办学宗旨。"学堂"一名虽是近代时髦,但那多是官办教育机构,其根本还在培养封建卫道士。康有为乃一介草民,其办学自然不能与之比肩。况且康有为办学重在对学生育救国之志,养维新之气,与清廷所办的"书院""学堂"宗旨迥异,所以康有为也不愿意将自己的学校以"书院""学堂"之类来命名。康有为起身来到窗前,抬头仰望夜空中的明月,"居庙堂之高,则忧其民;处江湖之远,则忧其君"的

---

① 卢湘父:《万木草堂忆旧》,夏晓虹编:《追忆康有为》,北京:中国广播电视出版社,1997年,第223页。

名言猛然浮现在他的脑海，使他豁然开朗。面对国家多事之秋，康有为满腔热血却报国无门，只能退居江湖隐居求志。历史上大凡有志难酬之士，都是身居草堂，心忧天下。诸葛亮是如此，杜甫也是如此。康有为眼前一亮，何不就以"草堂"之名向社会展示心志。它既符合私人办学的身份，与那些官办学堂划清界限，又能表达自己周济苍天、匡济时艰的办学宗旨。

康有为激动得连连搓手。"草堂"前应有个修饰词，用地名？广州、南粤、岭南……一个个地名迅速闪过他的脑海，然后他又轻轻地摇了摇头。这些名称都太一般化，况且，康有为的志向与古代的隐士不同。古代的志士仁人隐居求志多为独善其身，而康有为办学绝不是藉此聊以度日，而是要培养一大批志同道合者。这不是个人的卧薪尝胆，被动等待，而是传薪点火，主动出击。他的眼前一一闪过陈千秋、梁启超等弟子充满朝气的笑脸，别看这些青年还满身稚气，只要假以时日且培养得法，这些青年人都会成为维新变法的栋梁之才。是的，栋梁之才！如果能够培养出万千这样的栋梁之才，将来他们就能共力支撑起即倾之国家大厦。康有为兴奋得连拍脑袋，何不就用"万木"二字冠于"草堂"之前？

康有为高兴得手舞足蹈起来，他来到书桌前，拿起笔，再次饱蘸浓墨，深深地运了运气，然后挥笔而就，宣纸上显现出四个苍劲豪迈的大字：万木草堂。

康有为放下笔，仔细打量着自己的杰作，连声叫好。他心里清楚，这四个字就是为酝酿一场时代变革风暴而写下的前奏曲。

二、《长兴学记》定学规

如何才能培养出顺应时代潮流的栋梁之才，这是康有为自办学以来考虑得最多的一个问题。他十分痛恨明清以来学术界、教育界专喜"猎奇炫博，于人心世道绝无所关"的学风。他本人求学30几年，几经波折，才深深认识到求学之难难在认定求学的志向。在利禄之风盛行、制艺之学昌盛的时代，孔子开创的讲学传统早已丧失殆尽，注重气节的人格教育早已是明日黄花。中国教育如果不拨乱反正，不改弦易辙，根本就不可能培养出为救国图存而奋斗的栋梁之才。身处国难深重之际,呼唤人格的回归,引导青年学子注重人格的重塑,才是振兴教育的根本。

长兴里邱氏书屋,大堂正前方的主讲席上,康有为正襟危坐。主讲席旁设一侧席,坐着担任书记员的陈千秋。主讲席两旁的东西向各设一长桌,弟子们分两边相向而坐。整个大堂庄重静穆,大家在静静地等待着康有为的开课。

康有为轻轻地呷了一口茶水,以"勉强学问"为引子开始了他的讲演:"二三子之来游,非为学耶?学者,效也。有所不知,效人之所知;有所不能,效人之所能。若已知已能,共知共能,则不必学;不知不能,而欲知欲能,故当勉强也。"①

学习为什么非得下功夫不可?康有为的设问给弟子们制造了一个悬念,但康有为并没有直接回答这个问题,而是话锋一转,向弟子们谈开了人性这个话题。所谓性者乃源自天命之自然。康有为指出,自然之性不独人所具有,禽兽有之,草木亦有之。人之所以为人,关键在于人能够学习,而土石不能,草木不能,禽兽之灵者也不能。说到此,康有为画龙点睛地对弟子们总结说:"故学者惟人能之,所以戴天履地,而独贵于万物也。"

那么,同样是人,为什么人与人之间会差别万种?康有为向弟子们指出,其根本原因在于学习。或学,或不学;或博学,或陋学;或学贯古今,或专执一方;或通于百业,或精于一隅;或通天人之故,权阴阳之变,或循常蹈故,拘文牵义。总之,追求的学习内容不同,采用的学习方法不同,树立的学习志向不同,都可能导致人与人之间的发展差距。归纳了这些现象后,康有为回到了开头的话题:"人之所以异于人者,在勉强学问而已。"弟子们听到此都会心地笑了。老师讲的是如何学习,而根本处强调的却是如何做人。

康有为并未将话题在此处打住,而是单刀直入,进一步指出:"勉强为学,务在逆乎常纬。"所谓常纬,意指人们习以为常的常规积习。康有为告诉弟子们,这种常规积习,或由人的自然本性所构成,或由千百年来传统积习所熏染。这些常

---

① 康有为:《长兴学记》,姜义华,张荣华编校:《康有为全集》第一集,北京:中国人民大学出版社,2007年版,第341–350页。

规积习所带给人们的惰性,成为人们求学的最大障碍。所以,能不能对这些常规积习矫而易之,逆而强学,是决定人们学习成效的关键。康有为语重心长地对弟子们说:"吾党嚣然操简毕,被章缝而为士人,其得天厚矣,亦勉于学思,以异于常人而已。"异于常人,这就是康有为对弟子们的期望。望着老师期待的目光,弟子们陷入了深深的思考之中。康有为见此,宣布休息。

静穆的讲堂一下子热腾起来,康有为的讲演独辟新义,使这群熏陶于八股制艺氛围的学子们倍感新鲜和鼓舞,弟子们三三两两地议论着,争辩着。在一旁伸展腰腿的康有为看到弟子们的神情既兴奋又疑惑,所以在接下去的讲课中,他又以问题来开头:"然学也者,浩然而博,矫然而异,务逆于常,将何所归乎?"他的问题看来是点到了弟子们的心里,引来了座中弟子们的频频点头。康有为顿了顿,一字一句缓缓地点出了求学的第二个宗旨:"夫所以能学者,人也。人之所以为人者,仁也。"康有为接着历数了自古以来自黄帝、尧、舜、周公开物成务,后至儒家孔子、孟子、荀子垂学立教,旁及佛教之普度众生,都是以仁为本的事实,论证了教人为仁乃是古代立教之本。康有为指出,"小人"与"大人"之别,不在职业,不在身份,而在"仁小"和"仁大"。具有仁心之人,便能大行孝、悌、睦、姻、任、恤于家族乡里,"若能流惠于邑,则仁大矣;能推恩于国,则仁益远矣;能锡类于天下,仁已至矣"。习仁、行仁的根本目的就是要为国为民奋斗,这就是康有为希望学生树立的为学宗旨。言及此,康有为的情绪已是相当激动了。他大概又想起了当年京师上书的遭遇,但他不悔。他向学生引述了《礼记》中关于行仁的话,引述了孔子关于行仁的话,也引述了他的老师朱次琦关于行仁的话,然后掷地有声地宣告:"若不行仁,则不为人。"

宣讲至此,宗旨已明。康有为从如何做人入手,透彻地阐明了求学的目的与归宿。学而为人,学而为仁,追求人格的回归与重塑,这就是康有为明白无误宣示给学生的求学宗旨。这个宗旨正是中国传统文化的精髓,因此,教育就应以此为教,学习也就应以此为学,这就是中国传统教育的精华所在。当然,康有为心里很清楚,孔子所倡言的讲学传统已失传日久,利禄之风已积习深重,要真正做到拨乱反正并不是件容易的事。因此,他要求学生与他一起,共同剪除荆棘,变易陋习,倡言追孔子讲学之旧。他语重心长地对学生要求道:

第二章 万木森森散万花,垂珠连璧照红霞

鄙人深思古义,综约教旨,下学上达,原始要终,尊德道学,由内及外。群言淆乱,则折衷于洙泗之圣;末世昏浊,则上探于三代之英。道器兼包,本末并举,益皆人道之宜,天理之节。始于为士,终于为圣,由斯道矣,诸子勖哉![1]

时间在不知不觉中悄然流逝,时近正午,旁边饭馆的僮仆送来小食,康有为宣布休息。进食完毕,学生们皆归座,康有为又接着讲下去。

求学宗旨既明,接下去的问题便应探讨怎样才能达到人格的重塑了。康有为依据孔学的传统,结合时代精神,向学生提出了具有时代特色的四条学纲,那就是"志于道,据于德,依于仁,游于艺"。

所谓志于道,就是要在学习中树立为仁义之道而奋斗的志向,它包括格物、厉节、辨惑、慎独等目。所谓据于德,就是要在学习中以道德修养为本,注重人格操守的自我训练,它包括主静出倪、养心不动、变化气质、检摄威仪等目。所谓依于仁,就是要求在学习中明确求学和做人的目标与方向,它包括敦行孝悌、崇尚任恤、广宣教惠、同体讥溺等目。所谓游于艺,就是要在学习中加强各种知识、技能、本领的扩充和巩固,它包括义理之学、经世之学、考据之学、词章之学及"六艺"等学目。

在康有为看来,在新的时代条件下,人格的重塑依然要从仁、智、勇三个方面着手。在他手订的学纲中,仁、智、勇三大人格要素的培养不是各自分离的,而是渗透于四条学纲的内容之中的。在"志于道"中,康有为要求的核心是要志于仁义之道,这属于仁的范畴。但其中在"格物"和"辨惑"二目中,康有为要求学生应以勇猛之力、精进之功,摧陷廓清,加强学习,对近似于道而实际非于道者则当严辨之。这里既是智的提高,也是勇的锤炼。在"厉节"一目中,要做到气节自厉,劲挺自立,没有仁的志向,没有智的眼光,没有勇的胆魄,是根本不可能的。

在"据于德"中也同样是如此。康有为要求学生能主静出倪,达到清虚中平、淡泊自然之境界;要求学生能变化气质,通过磨炼浸润,底于纯和,以修气质之

---

[1] 康有为:《长兴学记》,姜义华,张荣华编校:《康有为全集》第一集,北京:中国人民大学出版社,2007年版,第342页。

偏;要求学生能养心不动,达到视危如安,从容谈笑,虽天下谤之而不顾;要求学生检摄威仪,动静以礼。这些都需要仁、智、勇三大素质的通力作用。

在"依于仁"中,康有为要求学生敦行孝悌,崇尚任恤,否则不足以复与共学。因为"其人不任者必不忠,不恤者必不厚,吾不欲观之矣"。他要求学生广宣教惠,自觉担当起先觉之任,讲学之责,具备与天下人同体饥溺、甘苦与共的胸怀。这种能群的品格养成,同样离不开仁、智、勇三大素质。

在"游于艺"一纲中,康有为给学生们规定了四科之学、六艺之技以及科举之必要知识,并开列了一系列应读之书,期望学生能做到本末兼备,巨细毕备,学术通赡。这自然主要属于智的范畴。但康有为要求学生读书,绝不是读死书,而要"切于人事,便于经世"。这就要做到将古代知识"令今可行,务通变宜民",将所学知识"庶足为国家之用,不诮迂疏"。这在利禄至上、空疏无用之学风盛行的当时,如果没有仁的志向和勇的毅力是不可能做到的。这样看来,康有为要求学生"游于艺",既是智力的培养,也是仁和勇的锤炼。

人格的重塑并不是独善其身,这是康有为反复告诫学生的一条真理。面对苦难深重的中华民族,康有为所期望的人才是忠肝热血之人,是忧国忧民之士,是相救相周之侠。他明确指出:"若处奇士之行,寡过独善,其能比于木石乎"?人格的重塑关键是做到历史使命感和民族责任感的弘扬。他要求学生时刻以民以国为念,"我有饥溺,望人拯之;人有饥溺,我坐视之,虽禽兽其忍之哉!"他认为,"若坐视朋友、姻党之患难,甚或深言正色以阴锄之,则亦将卖国而不动其心也。"修己之目的在于达人,修身之目的在能为国为民担当重任。他要求学生:"劲挺有立,刚毅近仁,勇者强矫,务在任道。若卑污柔儒,终难振起,愿与二三子厉之。"

正由于此,康有为以"四耻"为结,对学生提出了最后的要求:

一耻无志。志于富贵,不志于仁,可耻也。二耻徇俗。徇于风气,不能卓立,可耻也。三耻鄙吝。张南轩以鄙吝为大恶,凡鄙吝者,天性必薄,为富不仁,可耻也,宜拔其根。四耻懦弱。曾子以懦弱为庸人,见义不为,可耻也。孔子责行己有耻,若有是四者,不能学道,愿深耻之。①

字字千钧,掷地有声!

学生们的心被老师的讲演深深地震撼了。乍听起来,老师的话十分简约,然细细品味咀嚼,又觉其中意味深长。课后,大家围着陈千秋要看记录,以核对自己的笔记是否遗漏。后来,大家索性要求陈千秋将这一记录刻版印刷。陈千秋征得康有为同意,以"长兴学记"为题定稿,以之作为万木草堂的学规。

这个学纲是康有为全面总结传统教育理论并结合时代精神而推陈出新的办学纲领。它吸取了传统教育理论的精华,以弘扬孔子讲学传统为依托,实质上是为适应新时代变革潮流而张目。它以人格的回归和重塑为核心,其教育主张既是传统的又是时代的。它是康有为教育思想形成过程的第一个里程碑。

三、激励气节重精神

人格的唤醒要靠人格的力量,这是康有为创办万木草堂的精髓所在。人格的力量来自两个方面,一是来自外在的行为约束,二是来自内在的精神熏陶。康有为本人在教育过程中处处身体力行,以自己的榜样行为影响学生、感染学生。

万木草堂的课堂纪律是十分严肃的。大堂北面正中设一教师席,大堂东西两旁各设一长桌。康有为于上课前,必先昭示讲题于堂上,对学生广而告之,使其有所准备。上课时击鼓三通,学生齐集,分东西鹄立成行。康有为从中穿行而过,左右点首,乃升座,学生然后依次分座。整个课堂肃然静穆,以此营造一种恭敬向学的氛围,让学生沉浸其间。

康有为平日不住在万木草堂,但他坚持每日必到堂讲学督学。他家所在地惠

---

① 康有为:《长兴学记》,姜义华、张荣华编校:《康有为全集》第一集,北京:中国人民大学出版社,2007年版,第350页。

教育近代化中的康有为

爱街离广府学宫相当远,康有为总是早出晚归,从不延误。其讲学,正襟危坐,尽管每日讲课二三小时甚至四五小时,康有为姿势不变。卢湘父曾说:"康师举动严重,未见其交足叠股,上堂讲授,历时甚久,而八字着脚,到底仍不懈也。"①每日课后,学生们都已感到腰酸背痛,回到寝室便倒在床上,而康有为则回到房间即批阅学生的功课簿,并个别传见学生交谈学业问题。这种无声的行为对学生来说本身就是一种鞭策和激励。

康有为这样做的目的是为了整肃学风,熏陶人格。在《长兴学记》中,康有为向学生提出了"检摄威仪"的要求。他目睹了当时广州的大馆等官学漫无纪律,学生逾闲荡检,任情纵欲,学无所成的现象,便决意整饬万木草堂以为表率。康有为认为行为乃养心之外系,乃气节之表露,因而检摄威仪乃是重塑人格的一个重要组成部分。由此,他在万木草堂正门张榜"崇尚气节,检摄威仪"八个大字,以为学生之警戒。他在《长兴学记》中规定,学生暑天不得袒裼,相见必以长衣;容止尚温文,语言去朴鄙;出入趋翔,尤宜端重;外游不得出入烟花之地,堂内不得交谈轻狂之语;聚赌吸毒,尤为妖物,自能远绝。所以,在万木草堂,门无杂宾,闲杂人等不得出入。学生必穿长衣,虽盛暑亦无短衣露足者。夏天广州人一看着蓝布长衫散脚裤者,便知是康门学生。为了提高学生对"检摄威仪"的认识,康有为曾在一次策问中出了这样的题目:

  问士风颓弊,习气波靡;虐浪笑傲,悼心于日月;城阙佻挞,见刺于子衿。或齐野之谰语,楚制之短衣;束以鹿洞持敬之学规,则以具文填格;发以象山指心之大本,则能醉酒骂人;高谈则色色空空,整庵所惧;度日则悠悠忽忽,紫阳所忧。②

学生们见此题后,相顾悚然,无不戒谨肃穆。

形式固然是重要的,但唤醒人格的精进之功乃在实质。康有为清楚地认识到,要引导学生破除陋习,严辨真伪,得人格之真谛,非在讲学中施勇猛之力不

---

① 卢湘父:《万木草堂忆旧》,夏晓虹编:《追忆康有为》,北京:中国广播电视出版社,1997年版,第226页。
② 冼玉清:《康有为与万木草堂》,陈汉才校注:《长兴学记》附录九,广州:广东高等教育出版社,1991年版,第114页。

可。要做到这一点,康有为首先在招生时便注意把关。所谓招生把关,就是注意在学生登门求学之时便要了解和纠正其学习动机和目的。如果对登门者的求学动机和学习目的不予以端正,人格重塑的效果便难以达到。康有为的做法是对登门求学者必以严重迅厉之语的大棒大喝,打破其沾染于社会的顽旧卑劣之根性,以摧陷其受传统陋习所形成的思维定式。当年陈千秋、梁启超入门就是如此。梁启超在《南海康先生传》中说:

> 中国学风之坏,至本朝而极,而距今十年前,又末流也。学者一无所志,一无所知,惟利禄之是慕,惟帖括之是学。先生初接见一学者,必以严重迅厉之语,大棒大喝,打破其顽旧卑劣之根性,以故学者或不能受,一见便引退,其能受者,终身奉之,不变塞焉。先生之多得得力弟子,盖在于是。①

康有为这样做,一是为打破求学者的固有学术迷信,二是为检验求学者的求学动机。如果求学者于此不能接受,便会立即引退;如果求学者乐意接受,则会因这次谈话而终身受用,不再变更了。

要彻底摧毁流行于世的无用旧学,就必须构建一个充分体现人类文明精华和时代发展潮流的知识体系,这是人格重塑的坚实基础。康有为对万木草堂的课程设置作了有益的探索。他继承了中国文化的"经世致用"传统,以致力于为国家所用的原则来融汇中西方文化。他的课程体系以孔学、佛学、宋明理学为体,以史学、西学为用,包容着后来为梁启超所总结的德育、智育、体育三要素的教育内容。康有为的课程理论基本上接受了当时洋务派,实际也是当时中国人所认同的"中学为体,西学为用"的原则。但他所坚持的"中学",并不是封建官学所盛行的制艺之学,也不是封建统治者所推行的以"三纲五常"为核心的伦理纲常,而是贯穿着改革、致用精神的中国文化传统。康有为的"西学"基础是十分有限的,但他所倡导的"西学"也绝不是洋务派所局限的西文西艺,而是增加了西方政治学说的内容。而且,康有为的课程体系不是中学和西学的简单拼凑,而是力求中西相通,体用兼赅。康有为讲学,每论一学、论一事,必上下古今,以究其沿革得失,并引欧美事例以作比较证明。为了帮助学生辨伪去惑,他在讲学中总

---

① 梁启超:《南海康先生传》,夏晓虹编:《追忆康有为》,北京:中国广播电视出版社,1997年版,第9页。

教育近代化中的康有为

是古今中外旁征博引,探源溯流,还学术、历史以真面目。如他所开设的《学术源流》课,便是将儒、墨、法、道等各家学说,以及汉代的考证学、宋代的理学等,历举其源流派别。他讲书法,如果讲到东晋的王羲之、王献之,则不仅要讲清二王之前的书法特点,还要讲清二王之后中国书法是如何变化的。他讲诗歌,如果讲到唐代的李白、杜甫,则要交代李、杜以前的诗歌发展特点,李、杜以后诗歌又是如何变化的。诸如此类,皆原原本本,列举其纲要。

为了达到以勇猛之力摧陷廓清的目的,康有为记住了孔子的名言:知之者不如好之者,好之者不如乐之者。要使学生对学问达到乐而忘返的地步,教师的教学技巧十分重要。康有为讲学,声情并茂,全身投入。学生们是这样记述的:

> 先生每日辄谈一学,高坐堂上,不设书本,而援古证今,诵引传说,原始要终,会通中外,比例而折衷之。讲或半日,滔滔数万言,强记雄辩,如狮子吼,如黄河流,如大禹之导水。闻者挢舌,见者折心,受者即以耳学,已推倒今古矣。①

所以,万木草堂的每次讲学,讲者忘倦,听者亦忘倦。每次听课后,学生们都欢喜雀跃,自以为有所收获,回到寝室还沉浸于上课气氛之中,细细品味,历久而弥新。

除了文化课外,康有为在万木草堂还设置了体操课。这时所谓的体操课其实还根本没有成型,洋务学堂也根本没有先例。康有为借鉴古代课程"礼"的做法,自编了一套"文成舞",借古曲赋予新辞,并配备动作。康有为在《文成舞辞》中讲述了孔子改制的伟绩以及孔学救世的真理。万木草堂的学生们每日定时操练,届时钟磬齐奏,干戚杂陈,乐声融融,古舞翩翩,礼容甚盛,学生从中既可受到音乐的陶冶,又可强健体魄,还可坚定信念。当时的广州城内的守旧之士看了这出闻所未闻的体操,无不动色相告,嗤之为儿戏。但康有为全然不在意。

办学乃赋予人格精神,办学乃在于展示办学者的人格精神,这才是真正教育家的本质所在。在19世纪末,传统教育已腐朽没落,新兴的洋务学堂也萎靡不

---

① 陆乃翔等:《南海先生传》上编,夏晓虹编:《追忆康有为》,北京:中国广播电视出版社,1997年版,第68页。

振,万木草堂以它崭新的姿态在中国大地上脱颖而出,康有为也通过万木草堂的实践第一次向社会展示了他的教育改革追求。这种追求为中国近代教育改革的潮流掀起了一股新的浪潮。张伯桢在《万木草堂始末记》中说:

> 今先生往矣,世知之先生者,无不知有万木草堂。盖草堂者,先生毕生精神之所寄也。
>
> 先生之诲人也,期在造就有用之人才,非欲养成死啃章句之陋儒。故草堂相处,往往脱略形迹,凡所以启发智慧者,先生知无不言,言无不尽,学术政治,表里相结合,所谓坐而言,能起而行之者也。①

梁启超在《康南海先生传》中说:

> 然则先生教育之组织,比诸东西各国之学校,其完备固多所未及。及当中国教育未兴之前,无所凭借,而自创之,其心力不亦伟乎?至其重精神,贵德育,善察中国历史之习惯,对治中国社会之病根,则后有起者,皆不可不师其意也。②

四、东风呵护育万花

先生的榜样力量毕竟还是外因,人格养成的关键还在内因。虽说万木草堂的弟子们都是抱有一定的求学志向而来,但这种志向能不能巩固,他们能不能学有所成,还要看其内因的觉醒程度。作为教育家来说,其魅力正在于他能够有效地调动学生的创造性,能够积极地创设有利的条件催发学生内因的觉醒。

在万木草堂,康有为就是这样做的。面对这群天真烂漫纯如白纸的青年,他努力地为他们创造着各种有利的学习条件。例如,学生们读书需要大量的藏书,康有为便将自己的全部藏书捐献出来,在万木草堂建立"书藏",供他们自由借

---

① 张伯桢:《万木草堂始末记》,陈汉才校注:《长兴学记》附录六,广州:广东高等教育出版社,1991年版,第101页。
② 梁启超:《南海康先生传》,夏晓虹编:《追忆康有为》,北京:中国广播电视出版社,1997年版,第11页。

阅。学生们鉴于此,也自愿地将自己的藏书捐出,供大家共同使用。

指导学生读书是耗费老师心血最多的一项工作,康有为却乐此不疲。对初入学的学生,康有为首先要求他们攻读《公羊传》和《春秋繁露》,之后则视学生的具体情况作出不同的指导。梁启超天性聪颖,有一天他向康有为请教读书,康有为对他说:"经书你已经读过了,读史罢。司马温公的《通鉴》,繁简得宜。其中所加之案语,条条都好。凡是'臣光曰'之下,就是他的案语,长则千数字,短则三两句,无一不扼要而精警,就读《通鉴》罢。"仅从这一例,就可窥见康有为指导学生读书的认真和负责。除了指导学生阅读中国古书,康有为还要求学生读点西学方面的书籍。他给学生开列了当时江南制造局出版的关于声、光、化、电等科学译著百数十种,容闳、严复的译本及外国传教士傅兰雅、李提摩太等的译本。为了帮助学生借助日本书籍了解近代科学,康有为将自己所藏的日本书籍作提要,摄其精华,成《日本书目志》,为学生读书作向导。

万木草堂没有考试制度,检查学生的学习情况全靠批阅学生的功课簿。功课簿是万木草堂的一项重要的教学制度。康有为要求每个学生置功课簿一本,将每日所读之书及读书心得、时事所见、读书疑问等记录其中,每半月呈缴给他批阅。康有为特别重视学生的读书疑问,鼓励学生提出问题。对学生的一条读书质疑,他往往要批上数百字来详细解答。如果需要面谈,他便立即传召学生当面解答。学生们的功课簿写满后,康有为令存入"书藏",供新到的学生阅览参考。

康有为还十分欢迎学生们入屋请教,这是加强师生思想交流的极好形式。开始,学生还不太习惯这种做法,遇上读书或听课有疑难问题,总约上三五人上康有为房间。康有为始则答问,继则发挥,由此及彼,探及问题之精微。同行者在旁聆听也获益匪浅。以后上门请教的学生就越来越多了。

此外,康有为在万木草堂还建立了一本《蓄德录》。《蓄德录》由学生自己填写,将自己喜欢的古人格言、名句或俊语录入一条。《蓄德录》每日顺着宿舍房间依次传递,周而复始。学生每日录入的格言警句,要求同时用一张小纸写出,贴在大堂的板壁上,供大家警醒借鉴。每隔三五月,康有为也会将《蓄德录》拿去翻阅一次,藉以了解学生们的思想动向。

第二章 万木森森散万花,垂珠连璧照红霞

为了促进学生的读书,并能够及早进入创造,康有为要求学生们协助他编书。例如,康有为写《新学伪经考》成,就要陈千秋负责校勘。他在写《孔子改制考》一书时,便指定了20多个学生把上自周秦、下至宋代各学者的著述从头检阅,将凡是有关孔子改制的言论辑录出来。这群学生约定时间,分工协调,再由陈千秋总其成。这些书稿存于"书藏",备康有为随时调用。然后又组织学生从《逸周书》《山海经》《方言》《穆天子传》等书中摘取与《周礼》及刘歆之说相吻合的言论,以备论证刘歆之伪撰。学生们通过参与这些工作,对加强读书的效果、学习读书的方法、锻炼分析问题的能力都获益不少。

万木草堂的学生管理实行"学长制",学长由学识优秀的学生担任。陈千秋、龙泽厚、梁启超、徐勤、林奎等都曾担任过学长。学长对全体同学负指导之责,并分工管理万木草堂的一项工作。如博文科学长负责协助教授及分校功课,约礼科学长负责劝勉品行纠检威仪,书器库监督负责管理图书仪器。康有为因事外出,则由学长讲学并批阅功课簿。这种学生自我管理的做法在师道尊严的封建时代确实是很有创建的。每逢需要外出会见学海堂、粤秀、粤华、菊坡、广雅等书院的山长或官府的总督、巡抚、学台等官员,康有为总会带上一两个学生同往。在那种场合,康有为总是同他们谈论学问,也常常会争得面红耳赤。跟去的学生在一旁聆听也大开眼界,增长见识。每逢春秋佳日,三五之夕,万木草堂的学生们都会结伴踏足越秀山麓。每次的游历都变成学生们会讲论辩的盛会。学生们置身于郁郁万木之中,论社会,论世界,论宇宙,慷慨激昂,声振林木。

在康有为的精心呵护下,万木草堂确实产生了不同凡响的教育效果。投身康门的年轻人在这所富有时代气息的学校里,知识和精神都得到了极大的发展和满足。梁启勋在《万木草堂回忆》一文中写下了这么一段话:

> 长兴里和卫边街的同学们,都是二十岁左右的人,正是求知欲最发达的时候。脑海里本来空空洞洞,一张白纸,什么东西都可以收纳。又值方面复杂、材料丰富的学术源流讲义以诱导之,所以同学们的思想,尽情奔放,各

教育近代化中的康有为

　　随其意志之所接近,冲动之所趋向,如万壑分流,各归一方。①

　　学生们在康有为的教育感染下,齐心向学,互敬互重,书籍、用具、衣着都彼此不分。尤其是学识优秀的学生得到了同学们的尊敬。陈千秋长于德行,被同学们誉为"颜回";徐勤勉以家资颇丰资助万木草堂尤多,被同学们呼为"子贡";梁启超、韩文举皆因善文学而分别被称为"子游""子夏"。此举虽为游戏,然万木草堂同窗之谊也藉此显露一斑。

　　万木草堂的学生在康有为的培养下,多数都成为维新运动的骨干,他们不仅对中国近代的政治产生了极大的影响,而且对中国近代的文化、教育、学术的发展都产生了巨大的推动作用。对于学生的成长与进步,康有为感到由衷的欣慰。自己的努力终于结成硕果,自己的维新理想也因此萌生出希望,康有为对未来更是充满了信心。1897 年,康有为要求学生将多年的功课簿整理排印,他看到学生们的成绩,仿佛看到了活跃在中国社会改革舞台上的新生力量,他高兴地赋诗四首,抒发了呼唤万千栋梁之才的心声:

　　　　万木森森散万花,垂珠连璧照红霞。
　　　　好将遗宝同珍护,勿任摧残委瓦沙。

　　　　秋实春华各自贤,几年伤逝化风烟。
　　　　偶登群玉山头望,百万珠璎总可怜。

　　　　万木森森万玉鸣,只鳞片羽万人惊。
　　　　更将散布人间世,化身万亿发光明。

　　　　断璧零珠照绛霞,妙香散落委尘沙。
　　　　东风好与勤呵护,顷刻吁开千万花。②

----

①梁启勋:《万木草堂回忆》,夏晓虹编:《追忆康有为》,北京:中国广播电视出版社,1997 年版,第 241–242 页。

②康有为:《属刻同门功课簿,系诗四首》,姜义华,张荣华编校:《康有为全集》第十二集,北京:中国人民大学出版社,2007 年版,第 177 页。

第三章

天心民命讲堂在,誓拯疮痍救我人

一、理论建树须破立

19世纪90年代,中国近代教育改革正进入反思洋务教育的阶段。洋务教育创办近30年,虽然在教学内容的改革上冲破了封建传统教育的束缚,但它的保守性也随着时代的发展而日益突显出来。它按照传统教育模式来创办新式学堂,忽视基础教育的配套建设,造成了新式学堂生源枯竭,质量低下的严重后果。它的教学内容只限于肤浅的"西文""西艺",远不能适应近代社会变革的需要。它虽然要求变通科举,但八股取士制度依然是选拔人才的主要途径,造成新式学堂毕业生学非所用,出路受阻。种种弊端的交互作用,使洋务教育越来越不能适应近代社会发展的需要。国势日蹙的危机感沉重地压在人们心头,使人们开始反思洋务教育的不足。脱胎于洋务运动的早期启蒙思想家要求借鉴和模仿资本主义教育体制来构建新教育格局,他们呼吁在各府州县设立学校,呼吁将学校分为高等、中等、初等三级,呼吁改革八股制度,呼吁加大教学内容的改革,这些日趋高涨的呼声接二连三地震荡着朝廷和社会,预示着一场新的教育改革浪潮即将到来。

康有为沐浴在酝酿这一高潮的风暴之中。他比同时代人的先进之处,在于他看到了教育的改革与社会的改革是紧密相连的,数千年积淀下来的传统习惯势力并不是靠几声呐喊便能土崩瓦解的。人们早已对"恪守祖训"深信不疑,早已对"笃守旧法"习以为常,以致在强敌压境、国亡危急之际,也依然因循守旧,不思奋起。康有为意识到,如果不能翻造出强有力的理论武器,从根本上摧毁人们心中的顽旧卑劣之根,教育的改革乃至社会的改革就不可能在中国的大地上真正推行。

康有为的可贵之处就在于他以天下为己任的胸怀。在国难深重的时代,他毅然而然地闯进荆棘之地,自觉地担负起探求维新理论的重任。他总是以"先觉"

自居,这一次他更是觉得应该责无旁贷地开创启蒙"后觉"的事业。或许有人以此讥评康有为狂妄,自视清高,但至少在当时,康有为以"先觉"自居的心态更多的还是出自他的历史使命感和社会责任感。他当时写下的《勉学者》一诗就充分展示了他的这一真诚的情怀:

> 大地飞来偶现身,中原灵气日华新。
> 天心民命讲堂在,誓拯疮痍救我人。①

怎样才能在传统学术上创造出一种新理论,康有为在这个求索过程中有过一番曲折。康有为早年受古文经学的影响很深。当年师从朱次琦,他主要攻读《周礼》《尔雅》《说文》这些古文经典。其孜孜以求,潜心钻研,就是力图从古文经学的立场去寻找国家治乱的根据。在苦求不得之际,他认识了四川经学家廖平。

廖平是一位今文经学家。他所撰写的《今古学考》,从研究礼制着手,区分了今文经学与古文经学的不同。廖平认为,《王制》为今文经学的根本,汉代今文博士的礼制均出于《王制》。《周礼》为古文经学的宗主,古文经学的礼制皆本于《周礼》。康有为对此书大为赞赏。光绪十六年(1890),康有为听说廖平正在广州,便立即登门拜访。两人交谈甚为投机,廖平又将其新著《知圣篇》和《辟刘篇》相赠。这两篇文章论证了古文经典为西汉刘歆伪作,今文经典才是孔子真传,并提出了"孔子是受命于天、有德无位的素王"的新鲜论断。康有为看后不以为然。他写了一封万言长信批评廖平"好名骛外,轻变前说",劝他将这两篇文章焚毁。过了些日子,廖平回访康有为,并向康有为大谈秦始皇焚书而六经未亡的证明。廖平的一番话使康有为幡然大悟,使他认识到"刘歆之伪不黜,孔子之道不著"②。于是他决心尽弃旧说,改弦易辙,"发古文经之伪,明今文学之正"。

---

① 康有为:《勉学者》,姜义华,张荣华编校:《康有为全集》第十二集,北京:中国人民大学出版社,2007年版,第177页。
② 康有为:《新学伪经考序》,姜义华,张荣华编校:《康有为全集》第一集,北京:中国人民大学出版社,2007年版,第355页。

教育近代化中的康有为

康有为意欲构造改革理论的想法,在给朱一新的一封信中予以很好的表达。朱一新当时正任教于广雅书院,经常来万木草堂拜访康有为,在学术上相互辩论较多。康有为跟他谈论中外之变和孔子之大道,但朱一新不信。康有为在信中说:

> 今日之害,于学者先曰训诂,此刘歆之学派。用使学者碎义逃难,穷老尽气于小学,童年执艺,白首无成。必扫除之,使知孔子大义之学,而后学乃有用。孔子大义之学,全在今学。每经数十条,学者聪俊勤敏者,半年可通之矣。诸经皆无疑义,则贵在力行,养心养气,以底光大。于是,求义理于宋、明之儒,以得其流别;求治乱、兴衰、制度沿革于史学,以得其贯通;兼涉外国政俗教治,讲求时务,以待措施,而一皆本之孔子之大义以为断。①

康有为理论构建的第一步,便是发挥廖平文章《辟刘篇》的观点,否定刘歆,进而否定传统封建文化经典,为打破守旧势力的堡垒轰开一个缺口。康有为运用历史考证的学术方法,极力辨明刘歆当年所推尊于学官的《周礼》《逸礼》《毛诗》《左氏春秋》等古文经典,都是刘歆欲帮助王莽篡夺汉朝刘家天下,而假借孔子名义捏造出来的伪经。它们充其量只是"记事之书",而绝不是"明义之书",它们所湮乱所歪曲的恰恰正是孔子托古改制的微言大义。康有为据此于1891年著成《新学伪经考》一书,它向人们证明,刘歆以伪经篡孔学,导致"天下皆诵歆学,而孔子之学绝矣";"阅二千年岁、月、日、时之绵暧,聚百、千、万、亿衿缨之问学,统二十朝王者礼乐制度之崇严,咸奉伪经为圣法,诵读尊信,奉持施行,违者以非圣无法论,亦无一人敢违,亦无一人敢疑者"②。两千年来,20个王朝的礼乐制度所奉为正统的东西,成千上万读书人所孜孜以求的学问,难道都是一堆伪造的废纸吗?那么,人们一再要恪守的祖训,人们一再虔诚笃守的旧法,不就毫无价值可言了吗?

康有为理论构建的第二步,便是着力发挥廖平文章《知圣篇》的观点,神化孔子,为变法寻找历史的依据和权威。于是从1891年开始,在陈千秋、梁启超、曹泰

---

① 康有为:《与朱一新论学书牍》,姜义华、张荣华编校:《康有为全集》第一集,北京:中国人民大学出版社,2007年版,第317页。
② 康有为:《新学伪经考序》,姜义华、张荣华编校:《康有为全集》第一集,北京:中国人民大学出版社,2007年版,第355页。

等人的协助下,他又开始了《孔子改制考》的撰写工作。这是一个更为艰巨的理论创造工作,康有为为此花费了8年的时间。他从今文经学中汲取了"变易"的哲学。《易经》中的"穷则变,变则通,通则久"的名言成为今文经学家用来论证社会变易的合理性的理论根据。而《春秋公羊传》中的"通三统,张三世"的观点,也被康有为拿来作为随时因革的历史依据。康有为抓住先秦诸子"荣古虐今"的思维特色,决心把孔子打扮成"托古改制"的改革权威。

康有为比廖平的先进之处,就是他给被神化的孔子注入了历史进化论的灵魂。康有为从所能接触到的西书及《万国公报》《申报》等报刊中,已经学到了不少自然科学知识,领悟了许多地质古生物进化和天体演变的道理。康有为从西方历史进化论中,看到了能与今文经学的"三统""三世"说相比附的结合点。尤其是在1896年,他看到严复《天演论》的译稿后,更加坚定了这一构想。康有为认为,人类社会的发展必然要经历据乱世、升平世和太平世三个阶段。据乱世是人类社会的恶浊乱世,是人人相食之时。升平世是人类社会渐有文教,物质生活达到小康水平的时期。太平世则是人类社会的大同之世。这个时期人人平等,文教全备。康有为认为,人类走向大同是历史发展的必然。康有为的"三世"说不再是传统历史观所追求日趋而日下的崇古之变,也不是沿着一个封闭式的圆圈的"变",而是一个层次高于一个层次的上升的"变",是人类社会由据乱世向升平世、太平世不断发展的进化过程。文明世界日进而日盛,"因革改制"便是社会进步的推进剂。人类社会的大同世界,乃是一个民权平等的太平盛世。当年孔子所追求的民权、议院、选举、民主、平等的社会理想,就是期望人类渐入"大同之域"。孔子于是成为改革的祖师爷。

康有为成功了。梁启超在《清代学术概论》中指出:

> 诸所主张,是否悉当且勿论,要之此说一出,而所生影响有二:第一,清学正统派之立脚点,根本动摇;第二,一切古书,皆须重新检查估价。此实思想界之一大飓风也。①

康有为从廖平的两篇文章中敏锐地捕捉到了时代变革所需要的某种东西,

---

① 梁启超:《清代学术概论》,张品兴主编:《梁启超全集》,北京:北京出版社,1999年版,第3097页。

他的辨伪归宗,就是要将廖平两篇文章的观点推而广之。这样做既可给抱残守缺而自以为是的学术界以当头棒喝,又能从今文经学中寻找到可运用的思想,以铸造变法维新的理论武器。康有为顺应着人们崇古尚古的社会心理,顺应着人们尊孔崇经的传统信念,采用历史考证的学术方法,给了人们一个全新的足以动摇传统价值体系的结论。正因此,《新学伪经考》和《孔子改制考》的问世,在社会上引起了轩然大波。社会守旧势力惊恐万状,皆视其大逆不道。传统卫道者以其"非圣无法,惑世诬民"而请求朝廷坚决查禁。因《孔子改制考》,康有为被顽固派骂无父无君,并要求朝廷将其处死。

康有为要的就是这个社会轰动效应。从为维新变法鸣锣开道的角度讲,康有为的这个做法具有其历史的正当性。梁启超在《南海康先生传》中对这一做法作了如是评价:

> 然以为生于中国,当先救中国;欲救中国,不可不因中国人之历史习惯而利导之。又以为中国人公德缺乏,团体涣散,将不可以立于大地,欲从而统一之,非择一举国人所同戴而诚服者,则不足以结合其感情,而光大其本性。于是乎以孔教复原为第一著手。①

但从学术角度讲,康有为的这种做法则未必妥当。康有为完全是从政治需要出发去诠释历史,历史在他的手中成了可以任意打扮的小姑娘。这两本书的成功使康有为的主观武断作风得以滋长,这种做法为他以后的形象发展投下了深深的阴影。

二、救国之本在教育

光绪二十年(1894)中日甲午战争爆发。战火由朝鲜半岛燃至鸭绿江边,不久,大连、旅顺相继失陷。次年年初,清朝王牌北洋水师在威海卫军港内全军覆

---

① 梁启超:《南海康先生传》,夏晓虹编:《追忆康有为》,北京:中国广播电视出版社,1997年版,第12页。

没。清政府与日本签订割让辽东半岛、台湾全岛、澎湖列岛以及赔偿白银二亿两的《马关条约》。

消息传来,举国哗然。正在北京等待科举考试结果的康有为、梁启超闻之肝胆俱裂,心如刀绞。早在6年前,康有为第一次上书皇帝,就指出日本将"剪朝鲜而窥我边"的危险。此情不幸而言中,康有为极为愤慨。他首先让梁启超联络广东举人联名上书抗争,湖南、湖北的举人继而响应,于是康有为决定进一步联合18省举人,发动一次更大规模的请愿运动。康有为用1天2夜的时间,赶写出了1.8万字的情辞慷慨的《上清帝第二书》,提出拒和、迁都、变法三项动议。四月初八(5月2日),请愿书送交都察院。"此时举人车马集于都察院者,长五里,阗塞院门,台湾举人涕泪哭诉,院长长揖引过,中国数千年来未闻有此大举也。"①这就是近代史上著名的"公车上书"。

康有为忧天下之所忧,急天下之所急。他慷慨陈词,力谏光绪皇帝:"下诏鼓天下之气,迁都定天下之本,练兵强天下之势,变法成天下之治。"他强调指出,拒和、迁都、练兵,都是权宜应敌之谋,而非立国自强之策。要自强,则非变法不可。康有为以近代的变化为依据,认为当今时代已由过去的"一统垂裳之势"而变为"列国并立之势"。"一统垂裳"则拱手无为,率由旧章;"列国并立"则争雄角智,思欲开拓。因而治国必须勇于开创更新百度。他运用《易经》中"穷则变,变则通"的理论,批驳了"祖宗之法不可变"的谬论,并提出了他的变法主张。

康有为的变法主张,主要有富国之法、养民之法、教民之法和变通国政等四大项。富国之法以钞法、铁路、机器轮舟、开矿、铸银、邮政等手段为国聚资,解决最为紧迫的患贫问题。养民之法以务农、劝工、惠商、恤穷为手段,以利民心固结,排除内忧。教民之法则须普及教育,改革科举,开设报馆,设立道学,则可广才兴智,以新制造。而教养之事,皆由国政,国政不变通,无以为教养之本。交通国政,须除内弊,首停捐纳,继改官制,裁汰冗官;另宜大讲外交,鼓励游历,开阔眼界。而中国大病,首在壅塞,君臣隔绝,官民隔绝,如浮屠百级,级级难通。皇上

---

① 陆乃翔等:《南海先生传》上编,夏晓虹编:《追忆康有为》,北京:中国广播电视出版社,1997年版,第47页。

仅寄耳目于数人,而弃四万万人民之才智,遂才有了割地弃民之举。康有为建议,凡内外兴革大政,筹饷事宜,皆令会议于太和门,三占从二,下部施行。而轮值人员,由民心推服。这样君民国体,中国一家,方可休戚与共。康有为强调:"及今为之,犹可补牢。若徘徊迟疑,苟且度日,因循守旧,坐失事机,则诸夷环伺,间不容发,迟之期月,事变必来。后虽欲悔而改作,大势既坏,不可收拾,虽有圣者,无以善其后矣。"①拳拳之心,切切之情,充斥于字里行间。

康有为的变法主张,对封建弊政旧法进行了广泛的触动和剔除,并要求在社会各个领域实行全面变革,尽管这些方案还相当不完备,它远没有触及封建专制制度的要害,学习西方也只停留在直观的、简单的仿照,只是将西方国家的一些做法塞进中国式的陈旧框架,但对于守旧已久、贫弱不堪的中国来说,这无疑是个崭新的令人鼓舞的变法方案。

自此以后,康有为便全力投身于维新变法的宣传之中。他对教育改革的思考也直接与社会变革挂起钩来,他的教育改革思想就在这维新运动中渐趋成熟。

在探讨国家富强之途的方案时,康有为首先强调了教育的重要作用。他通过对比西方列强与中国的差距,看到了国家强弱的根源在于教育水平的高下。康有为在《上清帝第二书》中指出,"尝考泰西之所以富强,不在炮械军兵,而在穷理劝学。"他看到,西方国家乡塾甚多,儿童七八岁必须入学,否则责其父母。所以西方各国读书识字者大都在70%。美国每年出书万余种,英国各地皆有书藏,全国藏书达百余万册。这样农工商兵士皆有专学,妇女童孺,人尽知书,"所以开民之智者亦广矣"。而中国教育程度甚低,读书识字者仅20%,教育经费更是少得可怜。更为本质的是,"甚至鉴于明末,因噎废食,上以讲学为禁,下以道学为笑。故任道之儒既少,才智之士无多,乃至嗜利无耻,荡成风俗,而国家缓急无以为用。法弊至此,亦不得不少变矣。若夫小民识字已寡,或有一省而无礼律之书,一县而无童蒙之馆,其为不教甚矣"。两相比较,康有为的结论是:"才智之民多则

---

① 康有为:《上清帝第二书》,姜义华,张荣华编校:《康有为全集》第二集,北京:中国人民大学出版社,2007年版,第45页。

国强,才智之民少则国弱。"①

为什么中国的贫弱积渊深重?康有为在《上清帝第五书》中指出,这是因为传统教育只是为特权阶层服务,使教育的特权化与愚民政策结合,导致了中国千百年来的教育不以国民为对象,故而造成了"兵不识字,士不知兵,商无学,农无术,则民智弱;人相偷安,士无侠气,则民心弱,以当东西十余新造之强邻,其必不能禁其兼者,势也"②的现状。

为什么近30年来洋务运动不能把中国引向富强?康有为在《上清帝第四书》中指出,这是因为洋务教育虽然看到了科技人才的重要性,但它并没有意识到民智的重要性。洋务派依然按照传统教育的观念来创办新式教育,"近者设立海军、使馆、招商局、同文馆、制造局、水师堂洋操、船厂,而根本不净,百事皆非,故有海军而不知驾驶,有使馆而未储使才,有水师堂洋操而兵无精卒,有制造局船厂而器无新制,有总署而不通外国掌故,有商局而不能外国驰驱,若其徇私丛弊,更不必论。故徒糜巨款,无救危败。"③所以,教育未广,民智未开,是洋务教育收效甚微的重要原因。康有为认为,中国要富强就非得抓住教育改革这一关键不可。而教育改革的方向就是开发民智。把国民教育程度乃至国民素质的高低视为衡量国力强弱的标准,是康有为独到的见解。民智弱,是对封建传统教育的鞭挞和控诉;开发民智,是对资本主义新教育的呼唤。康有为正是在这一点上,将近代教育改革定位在资本主义教育的发展上了。

康有为还从维新变法的角度进一步阐述了教育改革的紧迫性。他看到,围绕在皇帝周围的公卿大臣,皆是出于咸丰、同治时代的旧学人才,这些人年耄精衰,政事丛杂,未暇更新考求,不知万国情状。其蔽于耳目,狃于旧说,以同自证,以习自安,这正是传统教育的结果。他还看到充斥于各地的督抚也都是些年老

---

① 康有为:《上清帝第二书》,姜义华,张荣华编校:《康有为全集》第二集,北京:中国人民大学出版社,2007年版,第41-42页。
② 康有为:《上清帝第五书》,姜义华,张荣华编校:《康有为全集》第四集,北京:中国人民大学出版社,2007年版,第3页。
③ 康有为:《上清帝第四书》,姜义华,张荣华编校:《康有为全集》第二集,北京:中国人民大学出版社,2007年版,第83页。

精衰者。这些人对旧制且望而生畏,望其讲求新政而举行之,必不可得。他看到以帖括制艺为支柱的传统教育,还在源源不断地制造着这一类求富贵而废学业,知作怯而忘义理,无一事能究其本源,无一法能穷其利弊的迂儒老吏。变法新政落入这类人之手,则掩耳而走避,则多以空文塞责。康有为指出:"以中国之弱,由于学之不讲,学之未修,故政法不举。"①要根本扭转这一颓势,切实推进维新变法进程,唯有加速教育改革,尽快培养出"通训诂名物,习绘图算法,识中外地理,明古今史事"的通才以充实中央到地方的各级政权。

为满足富强变政之急需,康有为在《上清帝第五书》中提出了教育改革的基本思路,即:"变科举,广学校,译西书,以成人材"②。

变科举意在革除传统教育之弊端,改变学非所用、用非所学的状况,以选拔能适应新时代需要的人才。康有为在《上清帝第二书》中提出了两条建议:第一,武科弓刀无用,宜改为艺科,令各省、州、县遍开艺学书院,广设天文、地矿、医律、光重化电、机器、武备、驾驶等学堂,而测量、图绘、语言、文字皆学之。童试、乡试、会试皆考专门之业,加以经、史、掌故,通半中选,不限名额;第二,文科重在经、史、掌故策、中外策等。童、乡、会试可依然保留四书文,但不限格法,听其引用,只求讲明义理,宗尚孔子。这个意见意在革除帖括制艺,重在策论,以此引导和鼓励天下学子务求实用,广其才智。

"广学校"意在发展新式教育,造成人人皆学、学有专门之局面。康有为在多次上书中屡次提出了应于各地设书藏、办学塾的建议,在《上清帝第六书》中明确提出了设立学校局的意见。按康有为的设想,应在京师设立大学堂,各省会设立高等学堂,府、县设立中小学及专门学。他强调:"若海、陆、医、律、师范各学,编译西书,分定课级,非礼部所能办,宜立局而责成焉。"③

---

① 康有为:《上海强学会章程》,姜义华,张荣华编校:《康有为全集》第二集,北京:中国人民大学出版社,2007年版,第93页。
② 康有为:《上清帝第五书》,姜义华,张荣华编校:《康有为全集》第四集,北京:中国人民大学出版社,2007年版,第5页。
③ 康有为:《上清帝第六书》,姜义华,张荣华编校:《康有为全集》第四集,北京:中国人民大学出版社,2007年版,第19页。

译西书,包括开报馆,意在广见闻,开眼界,使西方科技政俗浸染耳目,促进中国富强变政。康有为认为,欲今天下士人皆通西学,莫若广译西书,使中国百万学人人人能解,成才自众。而刊布报纸则可通时务,悉外情,发清议,广学识,与铁路开通实相表里。

康有为的这些意见,虽然并不是他的首创。但他将前人的各种零碎主张汇集起来,并将其建立在"开民智"这一基点上,使之系统化,初步形成了维新派关于教育改革的基本思路。特别是康有为将其与变法维新紧密结合,更体现出其教育改革思想的时代意义。

三、聚会讲学唤民心

光绪二十一年四月初九日(1895年5月3日),也就是公车上书的第二天,会试发榜。康有为榜上有名。他的会试成绩排名第五,在殿试中获二甲第46名,赐进士出身。时隔两天,康有为被朝廷引见,授工部虞衡司主事。

康有为没有到工部就职。他自己解释说:"自知非吏才,不能供奔走。又生平讲学著书,自分以布衣终,以迫于母命,曲折就试,原无意于科第,况仕宦乎?未能为五斗米折腰,故不副署。"①此话倒不是康有为的由衷之言。封建社会盛行的金榜题名的价值观,康氏家族企望康有为光宗耀祖的殷殷之情,康有为在科场上的数度折戟,都使康有为对这次的成功十分在意和欣慰。但是,面临空前严重的民族危机,面对正待要付诸实施的维新变法理想,康有为不愿供食于朝廷衙门,消磨于仕宦官场,这是真的。他的心已经被要借助这历史时机大干一场的愿望全部占据了。

苟且于官场俸禄,这不是康有为的志向。他年轻时立定的"布衣何处不王侯"的志向,促使康有为不愿意错过这个急剧动荡的时机。他把施展抱负的希望寄托

---

① 康有为:《康南海自编年谱》,楼宇烈编:《康南海自编年谱(外二种)》,北京:中华书局,1992年版,第27页。

教育近代化中的康有为

在光绪皇帝身上。但数次上书而不达,使他转而面向官僚士大夫阶层。他想通过宣传维新变法而促进朝廷官僚的觉醒,进而影响到光绪皇帝。所以,这以后几年,康有为奔走于京、沪,来往于两广,通过兴学堂、办报刊、开学会等形式,积极组织维新队伍,宣传变法理论,推动维新运动的深入。

创办报纸,这在文字狱盛行的清朝是无人敢为的。但康有为及维新派认为,不办报纸则不能唤起民心,不能开创风气。康有为说:

> 泰西之强也,在开民智也。开民智之故在报馆也。日人知之,大学诸士,固有报矣。至于农工商局,皆有报焉。巡边有报矣,小至微粒子之病,有专报焉。至茶、桑、糖、茧、织、漆、绵、瓷之物,莫不有会,会莫不有报。夫无会无报者,谓之闭。一人独学,虽有敏慧之资,终为寡陋矣。有会有报者,合亿万人之心灵以为我灵,合亿万人之知能以为我能,日日知新,日日摩厉,故民日以智也,日本之强,盖在报馆。[①]

正因为此,康有为决心冒天下之大不韪,于光绪二十一年六月(1895年8月),在北京宣武门外后孙公园首创《万国公报》。据《康南海自编年谱》载:"以士大夫不通外国政事风俗,而京师无人敢创报以开知识。变法本原,非自京师始,非自王公大臣始不可。乃与送京报人商,每日刊送千份于朝士大夫,纸墨银二两,自揭此款。令卓如、孺博日属文,分学校、军政各类,日腾于朝,多送朝士,不收报费。朝士乃日闻所不闻,识议一变焉。"[②]

风气甫开,各地纷纷影从而效仿,全国各大城市都相继有报刊问世。较有名的有上海的《时务报》《新学报》《实学报》《求是报》,天津的《国闻报》,长沙的《湘学报》《湘报》,桂林的《广仁报》,重庆的《渝报》,成都的《蜀学报》,无锡的《无锡

[①]《日本书目志》,姜义华、张荣华编校:《康有为全集》第三集,北京:中国人民大学出版社,2007年版,第411页。

[②] 康有为:《康南海自编年谱》,楼宇烈编:《康南海自编年谱(外二种)》,北京:中华书局,1992年版,第28页。

白话报》,广州的《广智报》,等等。以后康有为还亲自去澳门,和侨商何廷光创办了《知新报》。报刊的推广,使维新变法思潮迅速推向全国。

《万国公报》创办后不久,康有为又开始着手另一项工作,即开学会。据《康南海自编年谱》所载:

> 中国风气,向来散漫。士夫戒予明世社会之禁,不敢相聚讲求,故转移极难。思开风气,开知识,非合大群不可,且必合大群而后力厚也。合群非开会不可,在外省开会,则一地方官足以制之,非合士夫开之于京师不可,既得登高呼远之势,可令四方响应,而举之于辇毂众著之地,尤可自白嫌疑。故自上书不达之后,以日开会之义,号之于同志。①

康有为身体力行,每日夹着书本,到处与士大夫讲辨,宣传开学会的重要性。他又利用"游宴小集"的机会,苦苦鼓动宣传。他的主张得到了刑部主事沈曾植、户部郎中陈炽的赞同。又经过他们的大力鼓动,袁世凯、杨锐、丁立钧等人皆捐资赞助,地方督抚张之洞、刘坤一、王文韶也各出五千金,广学会的李提摩太也来联系合作,英美公使表示愿资助西书及图器等。这样,光绪二十一年十月初(1895年11月),北京强学会正式成立。

与此同时,康有为又南下江宁,继而到达上海。在南京,康有为住了20多天。每隔一日,便与两江总督张之洞讨论在上海开强学会之事,张之洞迫于潮流最后只得应允拨款相助,上海强学会在康有为主持下成立。康有为明确宣布:"本会专为中国自强而立"。他在《上海强学会章程》中,规定了强学会的四项主要工作:一是译印图书,以资讲求而广闻见,使国人皆通西学,供国家之用;二是刊布报纸,将各处新事,各人议论,并存钞以广学识;三是开大书藏,拟宏辟区宇,广集图书,中西兼备,以广考镜而备研求;四是开博物院,将古今中外兵农工商各

---

① 康有为:《康南海自编年谱》,楼宇烈编:《康南海自编年谱(外二种)》,北京:中华书局,1992年版,第29-30页。

种新器,博揽兼收,以为益智集思之助。①上海强学会出版了《强学报》,大胆抛弃了皇帝纪年而用孔子纪年,一时"江宁震动","自强学会开启,海内移风,纷纷开会,各国属目"。②

康有为这些行动遭到了顽固守旧势力的极度仇视。《万国公报》问世,京师内便飞短流长,疑谤渐起。大学士徐桐发誓要弹劾康有为。军机大臣刚毅更是公开叫嚷:"宁可亡国,不可变法"。李鸿章唆使他的儿女亲家杨崇伊上奏弹劾北京强学会"植党营私",攻击《中外纪闻》"贩卖西学"。慈禧太后据奏蛮横地强迫光绪皇帝下令于十二月封闭强学会,查封《中外纪闻》。张之洞闻风也翻脸不认账,下令查禁上海强学会及《强学报》。

刚刚兴起的维新宣传活动就这样横遭腰斩,但康有为并没有因此灰心。相反,通过这些实践,他进一步认识到了社会教育对于开民智的重要意义。他看到,一人独学,不如群人共学,群人共学,不如合十百亿兆人共学。学则智,群则强。累万亿兆皆智人,则便强大无比了③。况且,这些活动的开展,已经打破了清朝社会万马齐喑的沉闷局面,风气渐开,已有不可压抑之势。康有为相信,只要坚持不懈,定可取得理想的效果。

康有为返回了广州。在广州期间,他除了在万木草堂讲学之外,便积极撰写《孔子改制考》《春秋董氏学》《春秋学》等。这期间,他再次游历了香港、澳门,并在澳门与侨商李廷光合办《知新报》。这一年,康有为购得大批日本书籍,便令长女康同薇着手翻译,并因此写成《日本变政纪》和《日本书目志》。

光绪二十二年底(1897年1月),康有为动身再度赴桂林讲学。两年前,应弟子龙泽厚之请,康有为第一次踏上了桂林的土地。他在这里领略了阳朔、桂林的山奇水秀,并在桂林叠彩山景风阁开门授徒。闻风而来的拜门受业弟子20余人,

---

① 康有为:《上海强学会章程》,姜义华,张荣华编校:《康有为全集》第二集,北京:中国人民大学出版社,2007年版,第93-94页。
② 康有为:《康南海自编年谱》,楼宇烈编:《康南海自编年谱(外二种)》,北京:中华书局,1992年版,第29-30页。
③ 康有为:《上海强学会后序》,姜义华,张荣华编校:《康有为全集》第二集,北京:中国人民大学出版社,2007年版,第97页。

在这里亲耳聆听康有为关于"孔子改制"的变法理论,并为康有为以天下为己任、忧国如家的胸怀深深感染。时隔两年,康有为再一次来到这里,一是为学术的传播,二是为了扩大维新变法的队伍。强学会被朝廷禁闭,使维新变法的宣传影响在北方受挫。康有为看到南方的粤、桂、湘三省毗连,当年在京公车上书时,粤省签名者达 80 余人,桂省则有 99 人,湘省则全数参加,以此推之,三省之爱国忧时之士为其他各省之冠,亟应加强联络。而桂林赞同维新变法之群众基础雄厚,当年极力反对康有为在桂林讲学的桂抚马丕瑶被参劾离桂,反对割台与日本力战的台湾巡抚唐景崧因中日和约而辞职归隐桂林,因马关条约而愤极辞职的大理寺正卿岑春煊也正隐居桂林,他们都为康有为来桂林讲学和活动创造了很好的条件。

康有为第二次来桂林讲学,风闻而至的学生又增加了十几名。这次讲学与前次稍有不同。第一次在桂讲学,康有为按万木草堂所列之学纲、学目排列课程,逐步讲授。这次讲学则定为朔望讲学,庚子拜经,其他时间则依照《桂学答问》所列之《分月读书课程表》由学生自学。表中分国学、时务两门,经、史、子属国学,世界大势属时务。表中详列课程安排,要求学生依课程研读,将心得及疑难问题写成札记,送交学长。学长写出解答意见后,汇呈康有为批答。康有为讲学生动活泼,既有独创性,又有现实感。他"讲及时事时,则指陈中国积弱之由,西国兴盛之故,非变法维新,不足以图存,议论精湛,识解鸿博,是以听讲者,多动魄惊心,印入脑际"[①]。

康有为在桂林讲学达半年之久。除了讲学外,他还做了三件大事。第一件事是在桂林组织了一个"以尊孔救中国为宗旨"的圣学会,用以提倡新学,开通风气。第二件事是于圣学会内创办了《广仁报》,以讲明孔道,表彰实学为宗旨。《广仁报》每月出版三期,内容分论说、时事新闻、地方要闻、中西译述、杂谈、短评等栏目。第三件事是在圣学会内设立一所广仁学堂,课程列经学、中西历史、中西地理、《宋元学案》、朱子语录等,学生每日作札记,写日记或游记,并参加听讲和

[①] 廖中翼:《康有为第二次来桂讲学概况》,夏晓虹编:《追忆康有为》,北京:中国广播电视出版社,1997 年版,第 272 页。

学习礼仪。主持教务者由康有为弟子曹硕担任,各科教员也由康有为分派高足弟子担任。广仁学堂的开办,打破了广西旧式书院的格局,首开桂林近代开办学校之先河。

这些举措推动了广西维新运动的发展,培养了一批维新运动的骨干。廖中翼在回忆中说:"在此数月中,三项要举,均能依照会章先后宣告建成。有为之不得志于京沪者,竟于桂中得之。此固有为坚忍倡导之力,抑亦桂省官绅士庶爱国爱乡之热情有以促成之也。"①

光绪二十三年(1897)六月,康有为自桂返粤,不久又游上海、杭州。当得知德国强占胶州湾的消息后,他立即赶赴北京,连上三书请求变法。此外,他又号召各省旅京人士创办学会,以振士气。于是,粤学会、蜀学会、闽学会、关学会、陕学会等相继成立。维新变法的气氛又日趋浓厚起来。

光绪二十四年(1898)春天,会试的举人云集北京。康有为决定利用这次机会,再度掀起爱国维新的高潮。他与御史李盛铎合作,共同发起组织了保国会。保国会以保国、保种、保教为宗旨,通过组织、宣传,达到合群以救亡之目的。这是维新运动以来影响最大的进步团体,它的成立预示着民族觉醒的戊戌维新高潮即将到来。

四、指引门径劝读书

在深入思考教育改革的过程中,康有为发现了一个较为普遍的问题,那就是在新的时代条件下该如何读书。在万木草堂和桂林讲学时,求问学者踵履相接。康有为在与学子们的交谈中,很明显地感觉到青年学子大都怀有强烈的学问饥渴感。面对着浩如烟海的中国经典,面对着汹涌而至的西学知识,问学者反复地提着一个共同的问题:该读什么书?

康有为从自身求学的经历完全能够理解学子们此刻的心情。他知道,学子们

---

① 廖中翼:《康有为第二次来桂讲学概况》,夏晓虹编:《追忆康有为》,北京:中国广播电视出版社,1997年版,第276—277页。

的困惑并不是源于无书可读,而是源于不懂该如何读。他看到,读书失败者主要有两种表现:一种是"人人皆当学经学,而经学之书汗牛充栋,有穷老涉学而不得其门者,则经说乱之,伪文杂之,如泛海无舟,邈然望洋而叹,如适沙漠而无乡导,伥伥然迷道而返"①;另一种是"惟见学者读之累年,仅知事迹,余无所得,由不能搴摘英华之故"②。康有为深切感受到,如果不能给学子们指引一条有效的读书门径,他们即使是读书万卷也充其量不过是如八股士子般的庸才。"若为疏通证明以诱之,既有书册,又识途径,学者当亦未尝无志于书也。"③为此,康有为在万木草堂撰《长兴学记》,为学子标明学目;在桂林讲学著有《桂学答问》,专为学子指导阅读。

康有为认为,读书有如举网抓纲,唯有振其纲而求其条目,循其干而理其枝条方可尽得其妙。那么,读书之纲何在？康有为的答案很明确也很简单,那就是"孔子"。他以历史为据,认为无论汉学、宋学,皆出于孔子;无论义理经世,皆推本于孔子。上溯尧、舜、禹、周公之世,孔子尚道得其真。下逮秦汉两千年义理制度、学术流变又都本于孔子。所以康有为的结论就是一句话:"天下之所宗师者,孔子也。义理、制度皆出于孔子。故学者学孔子而已。"④康有为的这个话说得绝对了点,但这一思想又确实符合他本人所构筑的思想体系,所以他劝人读书自然便从这一角度出发。他在《长兴学记》中对万木草堂的学生说:

> 今与二三子通汉、宋之故,而一归于孔子,譬犹道水自江河,则南北条皆可正也。本原既举,则历朝经世之学,自廿四史外,《通鉴》著治乱之统,《通考》详沿革之故,及夫国朝掌故、外夷政俗,皆宜考焉。⑤

---

① 康有为:《桂学答问》,姜义华,张荣华编校:《康有为全集》第二集,北京:中国人民大学出版社,2007年版,第18页。

② 康有为:《长兴学记》,姜义华,张荣华编校:《康有为全集》第一集,北京:中国人民大学出版社,2007年版,第350页。

③ 康有为:《桂学答问》,姜义华,张荣华编校:《康有为全集》第二集,北京:中国人民大学出版社,2007年版,第17页。

④ 康有为:《桂学答问》,姜义华,张荣华编校:《康有为全集》第二集,北京:中国人民大学出版社,2007年版,第18页。

⑤ 康有为:《长兴学记》,姜义华,张荣华编校:《康有为全集》第一集,北京:中国人民大学出版社,2007年版,第348—349页。

然而,学孔子,又当以何为纲? 康有为的回答是,孔子的改制之说。后世阐释孔子学说纷呈异彩,学派林立,良莠并存。特别是刘歆作伪乱圣,涂塞学者耳目,伪古学一统久矣,因而读书尤须辨伪存真,举纲张目,否则误入歧途,深陷难拔。康有为在《桂学答问》中告诫学子:"孔子所以为圣人,以其改制,而曲成万物、范围万世也。"学者读书只有以探讨孔子改制之微言大义为纲,方可寻得门径,识得通途,豁然贯通。"苟能明孔子改制之微言大义,则周、秦诸子谈道之是非出入,秦、汉以来二千年之义理制度所本,从违之得失,以及外夷之治乱强弱,天人之故,皆能别白而昭晰之。振其纲而求其条目,循其干而理其枝条,其道至约,而其功至宏矣!"①

康有为告诫学生,要探究孔子改制之微言大义,读书必须识其门径。康有为认为,孔子所撰经书,《春秋》为经世之学,发改制之义,是为根本;《礼》据此而成有条理,《诗》《书》亦归轨道矣;《易》则明穷变通久之理,为经世之学之宗。所以,要深究孔子改制之微言大义,应以《春秋》为本。"若学孔子而不学《春秋》,是欲其入而闭之门也。""能通《春秋》之制,则六经之说莫不同条而共贯,而孔子之大道可明矣。"②

然而,《春秋》中的改制之说,孔子并未充分展开。要真正把握其改制之真谛,康有为认为有5部著作是必读的,即《孟子》《荀子》《春秋公羊传》《春秋繁露》《白虎通》。孟子学派和荀子学派为孔门后学的两大支派。孟子发孔子之道最精,对孔子改制之微言大义本末精粗毕举。荀子欲法后王,故经世之学令今可行。而《公羊》《繁露》详细阐述了孔子改制之说,尤宜尊信。《白虎通》集14博士荟萃之说,同为孔门真传秘本。康有为将这5部著作视为"大孔律例"而列为学子首读之书,以正其本,探其始,明其训。

康有为认为,读书要辨伪存真,必须要有考辨学术流变、推本溯源的功夫。他在万木草堂讲学,无论是讲解儒、道、法、佛、诸子,还是讲解文学、书画,都是列

---

① 康有为:《桂学答问》,姜义华、张荣华编校:《康有为全集》第二集,北京:中国人民大学出版社,2007年版,第18-19页。

② 康有为:《桂学答问》,姜义华、张荣华编校:《康有为全集》第二集,北京:中国人民大学出版社,2007年版,第18页。

其纲要,历举其派别源流演变,最后都归宗于孔子。这样可以为学生读书指引一条明确的途径。学生循着这条主线登堂入室而得心应手。康有为还要求学生多读目录之书。他认为像《隋书·经籍志》《唐·经籍志》《四库提要》《书目答问》一类书,学者都应具备。每日涉猎,置怀熟记,才能扩展视野,学问自进。他在《桂学答问》中说:"当知目录之学,俾知天下书目甚多,无以兔园册子、高头讲章、时样制艺自足。"①

他所写的《桂学答问》就是一本指导当时士子阅读中西书籍的目录著作。康有为认为《四库提要》等书所列目录浩繁,学者不得门径。为导之先路,他在《桂学答问》中先以解题、评价形式,分经义类、史学类、子学类、宋学类、小学及职官、天文地理及外国书类、辞章类、涉猎类推荐了280种图书,明确指明了各书的先读后读之序及具体读法。康有为认为书籍繁多,并非本本都须精读。他详细介绍了哪些书可并读,可分读,应细读,应涉猎;哪些书可穷究,可择读,宜多购,宜备查。只有详略交替,精粗配合,读书方可效果明显。最后,康有为提出了"合计其书,综程其课"的导读意见,其意见共有8条:一、读书宜分数类,分类学习与并轨学习齐头并进;二、设计了一个循序渐进的读书时间安排;三、读书须求师友,师不易得,求友最要;四、会讲须禁淫朋诡说;五、读书当分专精、涉猎两种功夫,二者不可偏废;六、设功课簿,每日所读之书,当详注明;七、组织会课,以励观摩;八、学问皆由志趣。②

康有为指导学生读书,还特别强调要读西方的自然科学之书。在桂林讲学时,一次傍晚,康有为正与十几个学生交谈,忽然雷电交加,风雨骤至。康有为立即带领学生手持风灯,穿越风洞,登上望江亭。康有为借观赏雨景,讲述声浪、光浪、电浪之原理。他对学生说:"此种宇宙之自然现象,西人悉心研究,成为声学、光学、电学之原理原则,应用于人间,是以西国日进于文明,我等亦须精心研究。"③在《桂学答问》中,康有为特意介绍了有关西方资本主义知识的书籍。在律

---

① 康有为:《桂学答问》,姜义华,张荣华编校:《康有为全集》第二集,北京:中国人民大学出版社,2007年版,第22页。
② 康有为:《桂学答问》,姜义华,张荣华编校:《康有为全集》第二集,北京:中国人民大学出版社,2007年版,第24–25页。
③ 廖中翼:《康有为第二次来桂讲学概况》,夏晓虹编:《追忆康有为》,北京:中国广播电视出版社,1997年版,第272页。

法方面有《万国公法》,在政俗方面有《列国岁计政要》《西国近事汇编》,在西学方面有《西学大成》《全体新论》《化学养生论》《格致鉴原》《格致汇编》《格致释器》等,在交涉方面有《夷艘寇海记》《中西纪事》《中西关系略论》《各国和约》等,在数学方面有《几何原本》《代数术》《微积分》《微积溯源》《代微积拾级》等。康有为还编有《日本书目志》一书,收录日本近代所译"泰西佳书"7780种。康有为强调:"泰西诸学之书其精者,日人已略译之矣,吾因其成功而用之。"

康有为要求学生读书能通古今中外之故,圣道王制之精,达天人之奥,任天下之重。他平日教导弟子,始终贯穿着尊孔子之教,发求仁之义,励士子之志,开人民之智,讲救国之法的主线,为弟子的读书指引着方向。

第四章

凭将士气扶中夏，泪洒山河对北风

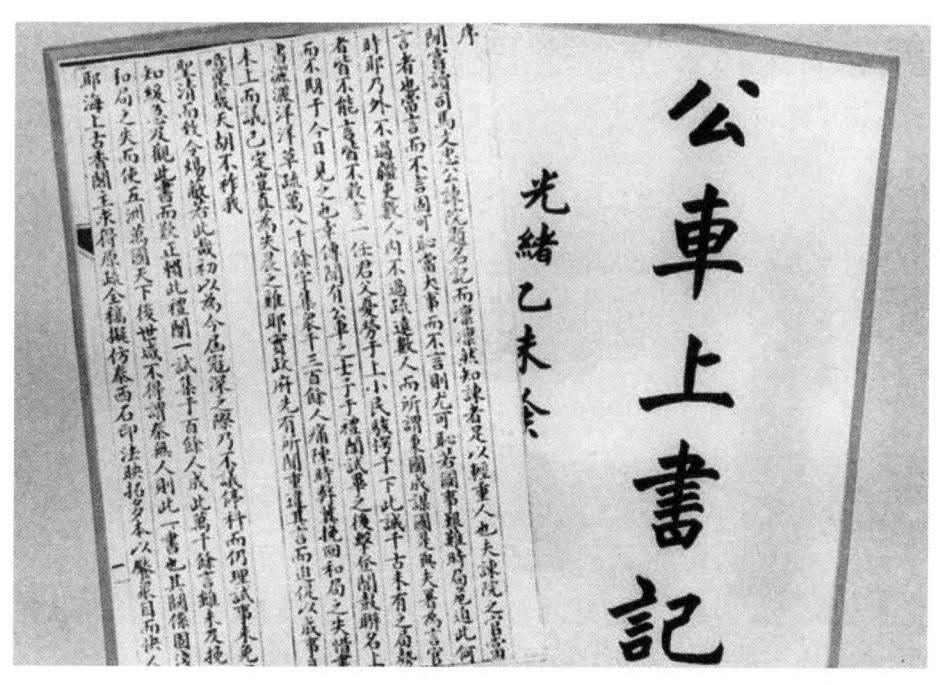

教育近代化中的康有为

一、戊戌变法促维新

清光绪二十四年四月二十三日(1898年6月11日),光绪皇帝下《明定国是》诏书,正式宣布实行变法维新。

四月二十八日,即光绪下诏变法的第五天,光绪皇帝召见康有为。康有为对此喜出望外。这是光绪皇帝与维新派领袖之间的第一次单独会见和直接对话,康有为十分珍惜这一机会。对他来说,这真是一个梦寐以求、盼望已久的事。可以说,康有为多少年的努力就是为着这一天,多少梦幻和理想也都寄托于这一天。当康有为步入颐和园勤政殿时,他是充满了信心的。在朝房候旨时,康有为与荣禄不期而遇。荣禄警告康有为不可辩言乱政,但康有为不为所动,他相信皇帝的力量,也希望光绪皇帝通过这次对话能看到维新派的力量。

在《康南海自编年谱》中记载了这次会见的谈话要点。康有为开门见山,直接切入变法主题。他向光绪皇帝坦言,中国已到了生死存亡的关头,非变法维新不能自强。而变法,如果只是少变而不全变,举其一而不改其二,连类并败,必至无功。只有统筹全局而全变之,从开制度局变革法律着手,乃有益也。他希望光绪皇帝能借鉴各国变法经验,斟酌损益并推行于中国。如能这样,康有为信誓旦旦地向光绪皇帝表示,西方历三百年而治,日本学三十年而强,至于中国,变法只需三年便可自立。

针对光绪皇帝掣肘于顽固守旧势力的处境,康有为建议光绪皇帝从三方面着手,一是就现在之权,行可变之事,虽不能尽变,而扼要以图,亦足以救中国;二是多提拔有才干的官员,多召见维新志士,破格给以官职,准许专折奏事,将新政诸事交给他们去办;三是对旧大臣姑且听之,保其高官厚禄,凡变法之事,皆特下诏书,使他们无从议驳。光绪皇帝对此不住地点头赞同。

接着,康有为指出:

第四章 凭将士气扶中夏,泪洒山河对北风

> 今日之患,在吾民智不开,故虽多而不可用。民智不开之故,皆以八股试士为之。学八股者,不读秦汉以后之书,更不考地球各国之事,然可以通籍累致大官。今群臣济济,然无以任事变者,皆由八股致大位之故。①

光绪皇帝对此深有同感,康有为便顺势建议光绪皇帝应特下明诏废除八股,勿交部议。光绪皇帝同意了。

光绪皇帝同康有为还就筹款、译书、游学、用人行政、开民智、激民气以及社会改造等问题展开了广泛的讨论。常常是一个问题未了,光绪皇帝又提出一个问题。康有为的每一个主张和见解几乎都受到了光绪皇帝的激赏。特别是康有为提出的"但患变法不得其根本"的意见和"中国地大物博,藏富于地,贫非所患也,但患民智不开"的意见,尤为光绪皇帝所赞同。康有为谈得兴奋,心情也特别激动,在他的自我感觉中,君臣二人如鱼得水一般,光绪皇帝时时表露出相见恨晚的味道,康有为心中洋溢着感恩戴德的激情。临别,光绪皇帝对康有为说:"汝尚有言,可具折条陈来。"

为了能及时得到康有为对维新变法的意见和主张,光绪皇帝立即传下谕旨,准许康有为在总理衙门章京行走,以后又特许康有为专折奏事,不必由总理衙门代递。这就为加强光绪皇帝和维新派之间的联系打开了一条通途。康有为利用这一渠道,在戊戌变法期间,积极给光绪皇帝呈书和上折,为维新变法出谋献策。

为光绪皇帝呈书是康有为在戊戌变法期间所做的一项重要工作。康有为的目的是通过介绍西方各国的变法历史,通过分析评价日本、俄国、德国、法国、英国等国家变法的经验教训,为光绪皇帝提供变法的张本和具体施政的蓝图。

为了能使光绪皇帝从中得到启示,康有为编写这些书很下了一番工夫。康有为借西方国家变法的史实,结合中国的实际,通过"按语"的形式,画龙点睛,阐

---

① 康有为:《康南海自编年谱》,楼宇烈编:《康有为自编年(外二种)》,北京:中华书局,1992年版,第43页。

发意蕴。在他所编纂的这些书中,有史有论,史论相得益彰。他所进呈的《俄罗斯大彼得变政记》记述了俄国彼得一世发愤图治,游西师学,锐意改革的事迹,为光绪皇帝提供了一个"以君权变法"的学习榜样。他在按语中写道:

> 大彼得知时从变,应天而作,奋其武勇,破弃千年自尊自愚之习,排却群臣阻挠大计之说,微服作隶,学工于荷、英,遍历诸国,不耻师学,雷动霆震,万法并兴。①

他在《日本明治变政考》中依据日本明治维新的史实,发挥中国变法的微言大义,绘制了一幅"三年而宏规成,五年而条理备,八年而成效举,十年而霸图定"的维新变法蓝图。他认为日本守旧的政制风俗与中国大体相同,故更新之法不能舍日本而有异道。因而他在此书中"集日本群书,但割取明治变政之事,编辑成记"②,希望将中国变法之曲折条理借此书发之,兼赅详尽,网罗宏大。他所进呈的《波兰分灭记》是为了回击顽固派的猖狂反扑,为光绪皇帝提供一个由于变法不坚决,遭到守旧派破坏和外国干涉,以致被瓜分亡国的"前车之鉴"。他说:"然则当时贵族大臣之阻扰变法,实先助俄自灭自亡之矣。是故欲变法自强者,宜早为计;欲保国自立者,宜勿依人。"③他敦请光绪皇帝顶住压力"持之以坚",将变法进行到底。他深刻地指出:

> 以波兰王之明,决意变法,可谓贤王,而内制于大臣,外胁于强邻,因循不早计,遂至于国亡身辱,妻子不保,备古今寡有之酷毒。④

他在编纂的《列国政要比较表》一书中通过大量的数据,从横向比较中分析

---

① 康有为:《进呈俄罗斯大彼得变政考序》,姜义华,张荣华编校:《康有为全集》第四集,北京:中国人民大学出版社,2007年版,第35页。
② 康有为:《进呈日本变政考序》,姜义华,张荣华编校:《康有为全集》第四集,北京:中国人民大学出版社,2007年版,第105页。
③ 康有为:《波兰分灭记·序》,姜义华,张荣华编校:《康有为全集》第四集,北京:中国人民大学出版社,2007年版,第397页。
④ 康有为:《波兰分灭记》,姜义华,张荣华编校:《康有为全集》第四集,北京:中国人民大学出版社,2007年版,第422–423页。

了各国兴衰的原因，指出中国落后于世界的现状。极力劝谏光绪皇帝要放眼世界，更新观念，坚持推行新政，尽快使中国赶上世界进步的历史潮流。据统计，在戊戌变法前后，康有为进呈给光绪皇帝的书达十几种之多。梁启超曾就此事作过如此评价："康有为所以启沃圣心，毗赞维新者，则尤在著书进呈之一事。盖康既呈所著书，皇上览观，恍然于变法之条理次序。"①

康有为在戊戌变法期间所干的另一件重要工作就是上折奏事，向光绪皇帝提出变法建议。在南海会馆，康有为夜以继日赶写各种奏折条陈。有时还授意他人上折，或代人拟稿，造成朝野上下锐意变法的气氛。据初步统计，在这一时期他自己署名或代人草拟的奏折有三四十件之多，几乎是每二三天就写一件。在这些奏折条陈的字里行间，康有为将他多年来的理想、抱负和追求全部倾注了进去，并化作具体可行的新政措施。康有为的新政建议，涉及政治、经济、军事、文化、教育等各个方面的改革。在政治方面，他建议尊孔教为国教，选才议政，许民上书，裁冗官，开懋勤殿议制度，开制度局等。在经济方面，他主张劝励工艺，奖募创新，立商政，开农学堂、地质局，筑铁路，废漕运，裁厘金。在军事方面，他力倡裁绿营，放旗兵，广设武备学堂，大练海陆军以强中国。在文化教育方面，他疾呼废八股，停弓刀石武试，办学校，译新书，断发易服改元，禁止妇女裹足等。这些奏折的内容，在过去的历次上书中都已大体涉及。这次专折吁请，又进一步结合新旧势力斗争的实际，更具有战斗性和可行性。

康有为也因此被时代潮流所裹挟而成为众目所视的历史主角。"正月以来，都中上自王公，下及士庶，众口哗然，谣言四起，多由显者口中传出，故信之者众；弹章纷纷不绝，至此时更甚于前矣。朝野议论，无处不谈康有为"②。议论中，"臣闻工部主事康有为之为人也，博学多才，盛名几遍天下。誉之者有人，毁之者尤有人。誉之者无不俯首服膺，毁之者甚至痛心切齿，诚有非可以常理论者"③。正由于此，康有为成为封建顽固派的眼中钉。光绪皇帝召见康有为后，荣禄、刚

---

①梁启超：《戊戌政变记》，张品兴主编：《梁启超全集》，北京：北京出版社，1999年版，第190页。
②苏继祖：《清廷戊戌朝变记》，中国史学会编：《戊戌变法》（一），上海：神州国光社，1953年版，第335页。
③陈宝箴：《奏厘正学术造就人才折》，中国史学会编：《戊戌变法》（二），上海：神州国光社，1953年版，第357页。

教育近代化中的康有为

毅坚决反对光绪皇帝重用康有为，礼部尚书许应骙、御史文悌等立即奏劾康有为，认为其建言即不可行，其居心尤不可问，要求立予罢斥，驱逐回籍。湖南人士曾廉甚至上书请杀康有为、梁启超。由于光绪皇帝执意变法，顽固派的这些企图才未能得逞。于是，顽固派便施展出种种卑劣的手法，对各项新政或敷衍搪塞，或阳奉阴违，或干脆抵制不办。他们还在社会上编造各种各样离奇荒唐的谣言，如，皇上要入天主教啦，光绪吃了外国人的迷药啦，康有为兄弟出入宫禁秽乱宫闱啦，康有为要尽废京师六部九卿衙门啦，等等。一句话，顽固派就是要置康有为和维新派于死地，以达到阻挠破坏维新变法的根本目的。

戊戌变法最终还是失败了。其失败的根源在于传统习惯势力过于强大，在于中国近代资本主义进程还远未积累到对封建主义实行彻底决裂的程度。在这样的历史条件下，康有为和维新派把中国改革的希望寄托在一个无权的皇帝身上，寄托在清朝统治集团成员的幡然醒悟上，这显然是不现实的。因此，当顽固守旧势力以拼死的反抗来制止改革之际，当顽固守旧势力在一个早上反扑过来之际，悲剧的发生便不可避免了。

但问题的另一面是，面对新旧势力的悬殊，面对改革事业的艰难，康有为及其维新派仍然知难而进，英勇搏斗，表现了一种极为可宝贵的立志改革的斗争精神。他们明明看到了承袭旧习的守旧者人极多势极大，他们明明意识到了投身改革犹如孤身入重围，成功的希望极其渺茫，但他们仍不计个人的荣辱安危，不顾个人的成败利钝，而是为着认定的政治理想，义无反顾，一往无前。康有为就是这样一群人的领袖。他面对举国流俗的非难与唾骂，无所于挠，锲而不舍。他在《波兰分灭记》中鼓励光绪皇帝说："观俄彼得之所以强，观波兰之所以亡，其欲变知变也同，而兴亡迥异，岂有他哉？变法之勇与不勇异耳！"①当其弟康广仁担心他的安全，劝他出外避一避时，康有为坚定地说："死生命也。……有圣主在上，吾以救中国，岂忍言去哉？"②这种勇气来源于他对民族危亡的忧愤，来源于他对国家命运的关切。正如康有为在一封信中所说："当是时也，谣谤盈廷，弹劾

---

① 康有为：《波兰分灭记》，姜义华，张荣华编校：《康有为全集》第四集，北京：中国人民大学出版社，2007年版，第423页。

② 康有为：《康南海自编年谱》，楼宇烈编：《康南海自编年谱（外二种）》，北京：中华书局，1992年版，第49—50页。

继踵,自非至愚,谁不知其险难者。仆诚哀中国之危亡,悯生民之涂炭,思振救之。"①当康有为在上海吴淞口外的"重庆轮"上得知变法失败时,他想到了死。但这绝不是畏缩,绝不是逃脱,而是一种"卓厉敢死"的献身精神。他当时在给其门人的绝笔书中写道:

> 我专为救中国,哀四万万人之艰难而变法以救之,乃蒙此难。惟来人世间,发愿专为救人起见,其皆至于大同太平之治,将来生生世世,历经无量劫,救此众生,虽频经患难,无有厌改。②

康有为这种可歌可泣的精神,连同这段叱咤风云的峥嵘岁月,同载史册。

戊戌变法运动的到来使康有为的教育改革思路进一步明朗清晰。康有为将改革理论与改革措施齐头并举,形成较为完整的教育改革思想体系。康有为抓住戊戌变法这一大好时机,坚意要将这些设想付诸实践,这些建议和意见标志着康有为教育思想发展的第二个里程碑。

二、倡改科举废八股

要使变法图强的维新运动能顺利进行,康有为认为人才是关键因素。多年来,康有为已经在这一问题上作过多次呼吁,而当社会改革大潮汹涌而来之时,他意识到人才培养的改革已到了非进行不可的时候了。所以,当光绪皇帝诏定国是宣布变法,康有为所做的第一件事就是力倡改科举,废八股。

康有为认为:"方今国事艰危,人才乏绝,推原其由,皆因科举仅试八股之故。"③在康有为看来,八股取士坑害人才,已到了无以复加的地步。其一,八股文

---

① 康有为:《复依田百川君书》,姜义华,张荣华编校:《康有为全集》第五集,北京:中国人民大学出版社,2007年版,第108页。
② 康有为:《戊戌轮舟中绝笔书及戊午跋后》,姜义华,张荣华编校:《康有为全集》第五集,北京:中国人民大学出版社,2007年版,第4页。
③ 康有为:《请变通科举改八股为策论折》,姜义华,张荣华编校:《康有为全集》第四集,北京:中国人民大学出版社,2007年版,第81页。

体立法过严,限制尤多,造成天下文章千篇一律的状况。如果文章形式稍有出入,即谓之不入格。八股格式的种种清规戒律,严重地束缚了人们的思想。即使士子胸有万卷,学贯三才,也必俯就格式,不许以一字入文。致使学者思想僵化,民智不开。其二,八股内容要求代圣人立言,不能旁称诸子而杂其说,不能述引后世而谬其时。故非三代之书不得读,非诸经之说不得览。考官出题仅限于四书,士子解义只尊于朱子,故令诸生荒弃群经,惟读《四书》;谢绝学问,惟事八股。于是两千年之文学扫地无用,束阁不读。驱天下有用之才而入于无用之地,是比白起之坑长平赵卒四十万,尚十倍之。其三,八股试题断剪经文,割截圣语,常将四书中句子砍头去尾,截上截下,无理无情,以难学者。造成举国人士,伏案揣摩,盲聋老死。试官妄取,谬种辗转以相传。学子循声,以文字空疏而登第。所谓巍科进士、翰苑清才,竟有不知司马迁、范仲淹为何代人,汉祖、唐宗为何朝帝者。若问以亚非之舆地、欧美之政学,则张口瞪目,不知何语。

康有为认为,八股取士实为亡国亡教之祸根。以中国之大,人口之众,每年竞技于场屋之文者达百万计。假以如此之众从事于科学,讲求于政艺,以为国用,则何求不得,何欲不成?尤其是每年录取者不足其百之一,故多有总角应试,至耄耋犹未青其衿者。将人之一生最有用之年华,最可用之精力,举而投诸枯困搭截文法之中,何以为人?投全国人于盲瞽之中,何以为国?其结果必是野皆愚民,庠皆愚士,朝皆愚吏。正由于此,康有为的结论是:"然则中国之割地败兵者,非他为之,而八股致之也。故臣生平论政,尤痛恨之。"①

尽管在这前一个月,康有为上折请废八股,遭到了礼部尚书许应骙的驳阻。但当光绪皇帝宣布变法后,康有为尤决意要全力以赴地争取这一目标的实现,他坚定地认为:

> 臣窃惟今变法之道万千,而莫急于得人才;得才之道多端,而莫先于改科举;今学校未成,科举之法,未能骤废,则莫先于废弃八股矣。②

---

①康有为:《请废八股试帖楷法试士改用策论折》,姜义华,张荣华编校:《康有为全集》第四集,北京:中国人民大学出版社,2007年版,第79页。

②康有为:《请废八股试帖楷法试士改用策论折》,姜义华,张荣华编校:《康有为全集》第四集,北京:中国人民大学出版社,2007年版,第78页。

光绪皇帝召见康有为时,康有为当面力陈八股之害,得到了光绪皇帝废除八股的许诺。康有为大喜见望,回来后即飞告梁启超,并着其立即草书《请废八股试帖楷法试士改用策论折》,并代宋伯鲁拟《请变通科举改八股为策论折》,另附《请催举经济特科片》,于第二天便上奏光绪皇帝。接着,康有为又上奏了《请停弓刀石武试改设兵校折》。光绪皇帝见奏,本想立即发布废除八股的诏谕,但遭到了顽固派官僚刚毅的拦阻。康有为担心光绪皇帝动摇,于五月初一再上《厘正科举文体,进呈孔子改制考折》,进一步强调:"故国亡于无教,教亡于八股。故八股之文,实为亡国、亡教之大者也。"康有为要求光绪皇帝"请特下明诏,立变科举八股之制,勿动于浮言,勿误于旧论,天下幸甚"①。五月初四,又代徐致靖拟《请废八股以育人才折》,直言不讳地指出:"故言科举不可变,八股不可废者,与为敌国作反间者无以异也。愿皇上深思明辨而勇断之也。彼礼官所守者旧例,无论如何条奏必据例议驳。以皇上之明,岂能屈从一二人砭砭拘执之见,而误天下大计哉?"②五月初五,光绪皇帝终于发布了废除八股取士改试策论的诏谕。

当然,康有为关于废除八股的主张,只是要求改革科举的文体,而不是要求废除科举制度本身。其原因有二:第一,康有为认为,科举制度是通过考试在全国选拔优秀人才,这个制度本身是可取的。这较之世界各国,甚至欧洲诸国,选才皆贵族而不论才德,显然要好得多。任官先试,我莫先焉。美国行之,实师于我。所以科举制度本身并不是落后的;第二,科举制度在中国实施千年有加,其影响已深入到中国社会生活的骨髓之中,成为中国士大夫生命的寄托。如果骤然废止,必使千百万封建士子希望破灭而站到维新运动的对立面。所以康有为认为在当时的情况下,改革步伐不能操之过急。梁启超后来曾对此做过这样的说明:"此次不即尔者,盖使数百万之老举人、老秀才,一旦尽失其登进之路,未免伤于急激,且学校生徒之成就,亦当期之于数年之后,故此数年中借策论科举为引渡。此亦不得已之办法也。"③应该说,康有为的这种考虑是具有一定的合理性的。他分析了当时的国情,主张采取一种较为稳妥的改革方案以求两全其美,这

---

① 康有为:《厘正科举文体,谨呈孔子改制考折》,姜义华,张荣华编校:《康有为全集》第四集,北京:中国人民大学出版社,2007年版,第94—95页。
② 康有为:《请废八股以育人才折》,姜义华,张荣华编校:《康有为全集》第四集,北京:中国人民大学出版社,2007年版,第295页。
③ 梁启超:《戊戌政变记》,张品兴主编:《梁启超全集》,北京:北京出版社,1999年版,第197页。

种务实的态度是值得肯定的。

但是,康有为关于废除八股的主张,对传统教育的批判和冲击又是具有时代特色的。首先,废除八股的主张,是针对封建专制的"愚民之术"而提出的。康有为认为,八股取士是投举国才智于盲瞽,是聚百万瞽者、跛者而鞭挞指挥之,这是封建专制统治赖以维持的前提条件。而废除八股正是为了"开民智",使举国数百万学子,立可扫云雾而见青天矣。这对于救亡图存,立国育才,所关至大。其次,废除八股的主张,是针对传统教育的空疏无用而提出的,是为提倡西学,发展新式教育鸣锣开道。康有为认为,八股取士的要害在于造成至陋极愚之人,这些人目不通古今,耳不知中外,于国于己皆无用。康有为企盼全社会自幼童至弱冠,皆教之以图算、古今万国历史、天文地理及化光电重、格致法律、政治公法等,形成农工商贾皆有专门之学的教育新格局,形成人人有学、人人有才的教育新氛围。所以他主张废八股,考以策论;主张摒弃空疏,试以时务;主张停止弓刀石武试,改设兵校;主张创学堂以育专门之才,开经济特科以网罗通才,其目的就在强调学有用之学,人才各得其用。这是近代关于教学内容改革的进一步深化,是当时新式教育发展的进一步深入。

正由于此,光绪皇帝宣布废除八股的诏谕一经公布,在社会上引起了强烈的反响。社会进步人士表示了热烈的欢迎。"我皇上知中国之弱,实由朝野上下,咸迷溺于八股之文,无有能致力于实学者,故毅然决然,停止八股。诏自京师起,统二十二行省,咸设立大小学堂,可谓祛数百年之尘霾,俾学者之心,顿有豁然开朗之一日也。乃复于本月初三日,奉有停止朝考,不凭诗赋小楷取士之谕,何其明哉"①;"草莽小臣,恭读之余,不禁额手称庆曰:此我中国由衰而盛,由弱而强之一大转机也"②;"自八股之废也,翻译书籍出版者,人人争购,市为之空。家家言时务,人人谈西学,有力者则自请舌人译之,而快新睹"③。"一时缙绅士庶,田夫市侩,以及识字妇女,学语小儿,莫不交口而訾曰:八股无用,八股无用"④。但

---

① 《中外日报评论》,中国史学会编:《戊戌变法》(三),上海:神州国光社,1953年版,第321页。
② 《申报评论》,中国史学会编:《戊戌变法》(三),上海:神州国光社,1953年版,第339页。
③ 欧渠甲:《论政变为中国不亡之关系》,中国史学会编:《戊戌变法》(三),上海:神州国光社,1953年,第156页。
④ 《八股辨》,中国史学会编:《戊戌变法》(三),上海:神州国光社,1953年版,第345页。

是对于那些受八股之害已深入骨髓的"帖括之士",却感到这一变革似乎是绝了他们的安身立命之所,而朝廷官僚中旧习更深,多有乐于助其一臂之力者。"愚陋守旧之徒,骤失所业,恨康有为特甚,至有欲聚而殴之者,自是谣诼大兴,亦遍于天下"①。朝廷中有人甚至企图联名上折翻国是,复八股。为了捍卫改革科举的初步成果,康有为于五月初十日代杨深秀拟写了《请御门誓众折》,要求光绪皇帝"特御乾清门,大召百僚,自朝官以上,咸以听对,布告维新更始之意,采集万国良法之意,严警守旧阻挠造谣乱政之罪,令群臣签名具表,咸去守旧之谬见,力图维新"②。光绍皇帝虽然没有完全照办,但还是下谕再责旧党,"谤谋乃少息"③。至此,废除八股的斗争才暂告一段落。

三、疾呼兴学育人才

废除八股的初捷,使康有为备受鼓舞。但他看到,人才的成长不仅取决于如何"取",更重要的还是取决于如何"养"。他在《请开学校折》中说:

> 夫养人才,犹种树也,筑室可不月而就,种树非数年不荫,今变法百事可急就,而兴学养才,不可以一日致也,故臣请立学亟亟也。④

培养新型人才是更为紧迫更为重要的改革任务。因此康有为紧接着又连上数折,陈述兴学之主张。

康有为指出:"近者日本胜我,亦非其将相兵士能胜我也,其国遍设各学,才艺足用,实能胜我也。"⑤一针见血地指出了资本主义教育是富国强兵的根本要

---

①梁启超:《戊戌政变记》,张品兴主编:《梁启超全集》,北京:北京出版社,1999年版,第193页。
②康有为:《请御门誓众折》,姜义华,张荣华编校:《康有为全集》第四集,北京:中国人民大学出版社,2007年版,第304页。
③康有为:《康南海自编年谱》,楼宇烈编:《康南海自编年谱(外二种)》,北京:中华书局,1992年版,第46页。
④康有为:《请开学校折》,姜义华,张荣华编校:《康有为全集》第四集,北京:中国人民大学出版社,2007年版,第316页。
⑤康有为:《请开学校折》,姜义华,张荣华编校:《康有为全集》第四集,北京:中国人民大学出版社,2007年版,第315页。

教育近代化中的康有为

素。他在向光绪皇帝进呈的《日本明治变政考》中,一再强调日本之所以骤强,是因为兴学极盛。日本在向西方学习的过程中,特别重视学制、书器、译书、游学、学会五个方面,形成了浓厚的学习风气,造就了高水平的文化科技人才。不仅日本如此,其他资本主义国家也同样是这样。康有为还向光绪皇帝列举了美国、英国、丹麦、瑞典等国家的教育状况。这些国家学制完备,诸学并立,大学岿然,人才不可胜用。例如美国学堂,多至百万所,民智而国富以强,故养兵仅二万,兵费不及学费十之一,而万国咸畏之。例如丹麦,男子才八十万,但它却敢于与俄、英抗衡于海上,这就是丹麦国民教育程度较高所致。"泰西之强由于人才,人才出于学校",这就是康有为向光绪皇帝所强调的结论。

康有为认为,要使中国富强,与欧美强国并驾齐驱,不是办几所学校或一批学校就能奏效的,而是要在中国建立一个体系完整的学校制度。为此,康有为明确地提出,必须远法德国,近采日本,以建学制。因为"欲富强之自立,教学之见效,不当仅及于士,而当下逮于民,不当仅立于国,而当遍及于乡"①,即参照西方国家的教育模式,在全国上下普遍设学,广开民智,广育人才。这个设想标志着近代教育改革已经深入到制度的层面了。

为此,康有为向光绪皇帝建议:

> 遍令省府县乡兴学,乡立小学,令民七岁以上皆入学,县立中学,其省府能立专门高等学大学,各量其力皆立图书仪器馆,京师议立大学数年矣,宜督促早成之,以建首善而观万国。②

按康有为的设想,小学、中学的目标,教所以为国民,为人民之普通学也;高等专门学,教人民之应用,以为执业者也;大学则精之深之,以为长为师为士大夫也。只有这样,必使全国四万万之民,皆出于学。

在康有为的兴学主张中,专门学校占有相当重要的地位。康有为认为,凡人

---

① 康有为:《请饬各省改书院淫祠为学堂折》,姜义华,张荣华编校:《康有为全集》第四集,北京:中国人民大学出版社,2007年版,第320页。
② 康有为:《请开学校折》,姜义华,张荣华编校:《康有为全集》第四集,北京:中国人民大学出版社,2007年版,第316页。

间一事一艺者,皆应有学。凡天文、地矿、医律、光重、化电、机器、武备、驾驶、铁路、农业、商业、师范等都应设立专门学堂。他在《日本明治变政考》中强调"师范学校尤为小学之根",只有发展师范教育,培养出大量的师资,才能普及小学。他在《请开农学堂地质局以兴农殖民而富国本折》中强调,发展农业要用新而去旧,因而要求光绪皇帝"饬下各省府州县,皆立农学堂,酌拨官地公费,令绅民讲求"。他在《日本明治变政考》中指出:"中国以二百兆之妇女,曾无一学校以教之,则不学者居其半,是吾有民而弃之也。"他在《请停弓刀石武试改设兵校折》中建议"广设武备学校",仿德国、日本例设置科程功课,必令入学方得为将校,由此兵事乃可得而整理也。

康有为的兴学主张是以广开民智为目的,以普及教育为基础的,这是与传统特权教育直接对立的,也是与洋务派教育改革思想区别的本质所在。

广设学校能不能在短期内得以实现,康有为的回答是肯定的。他在《请饬各省改书院淫祠为学堂折》中向光绪皇帝建议,各省府州县多有书院,民间也有公立书院、义学、社学、学塾,如果能利用这些现成的校舍,将之改为兼习中西的学校,如将省会大书院建高等学,将府州县的书院建中等学,将义学、社学建小学,则广设学校便指日可待。至于办学经费,一方面可以利用原书院、义学的办学经费,另一方面严旨戒饬各疆臣,清查善后局及电报、招商局各溢款、陋规、滥费,尽拨为各学堂经费,这样各省可得数十万金,以为养士之用。如果还不够,可以鼓励各地绅民捐款办学,其中捐款达万金者,赏御书匾额,给予学衔;捐款达十万金者,请特旨奖以世职。

除此之外,康有为还考虑到由广设学校而带来的师资、教材、生源等必须解决的问题。他主张,将原书院那些只谙八股之术的学长悉数更易,另外聘请擅长中西之学的通才担任师长。在各地设立书局,编辑中外要书,颁发诵读遵行,以解中学小学教材之急需。他要求仿效西方之法,责令民人子弟,年至六岁者必入小学,其不入学者,罪其父母。他希望光绪皇帝能明降谕旨,饬下各省督抚施行,严课地方官以为殿最,如有违者,劾其一二,以警其余。康有为认为,只要这样,便可达到风化可广,人才大成,国势日强①的目的。

康有为看到,要在这样一个幅员广阔、教育落后的国土上构建一套完全新型的教育制度,没有一个专门的机构来落实和管理是行不通的。因此,他建议应专门设立学部这样的机构来管理全国的教育。他在《请开学校折》中强调:"若其设师范、分科学、撰课本、定章程,其事至繁,非专立学部,妙选人才,不能致效也。"②

康有为的这些建议,基本上都被光绪皇帝所采纳了。五月二十二日上谕令各省府州县开设学堂,改书院等为学校。这以后,光绪皇帝又多次下谕,频频催促各地加紧落实办学事宜,奖励捐办教育事业者,并一再谕令开办各类专门学校。据不完全的统计,这一时期全国所开办的中小学及高等学校共达77所,各种专业学校开办了29所。京师大学堂几经周折,也于十一月正式开学。

四、强调译书派游学

废八股,兴学校,都是为了培养人才。但是人才绝不是抽象的,它属于历史的范畴,具有时代的特色。在康有为看来,面对近代社会的变革,为适应维新变法的需要,新式人才必须通世界之识,具有用之才。有用之才的养成,除了有必要的制度和措施的保证外,还必须要在文化氛围上创造一定的条件。问题是,由于中国长期的闭关锁国,学者所接触到的不外就是八股试帖、四书五经之类,要论及世界各国的政治、经济、科技、文化,则茫然无睹,瞠目结舌。因此,要培养通世界之识的有用人才,就必须在广译书、派游学上采取非常措施。

康有为在向光绪皇帝进呈的《日本明治变政考》里,以按语的形式,多次强调了广派游学、学习西方的重要性。他说:

> 泰西自培根变法,政艺之学,日新而奥,阅今五百年乃成此治体,东方各

---

① 康有为:《请饬各省改书院淫祠为学堂折》,姜义华、张荣华编校:《康有为全集》第四集,北京:中国人民大学出版社,2007年版,第321页。
② 康有为:《请开学校折》,姜义华、张荣华编校:《康有为全集》第四集,北京:中国人民大学出版社,2007年版,第316页。

国若舍而自讲,亦非阅五百年不能成。今但取资各国,十年可毕,而非派亲贵游学为之先导,以朝臣从之,并多派朝士游学,不能成就致治之才,而应变法之急。①

正是基于这一考虑,康有为认为朝廷应多派通学妙年之士大夫,出学外国,分习诸科,归来执政。因此在戊戌变法前夕,康有为一连呈上《请派近支王公游历折》《请开局译日本书折》《请派游学日本折》等三个奏折。光绪皇帝诏定国是后,康有为又呈上《请广译日本书派游学折》,阐述了自己关于译书和游学的主张。

康有为总结了洋务派四十年来译书的经验,认为其译书有两点教训值得记取:一是所译之书以欧美为多,其途至难,成书至少;二是无通学主持之,所译之书多为农工兵至旧非要之书,不足以发人士之通识。为此,他建议,以后译书应以译日本书为主。欧美佳书,日本多有译本,转译日本书便可得欧美政治、文学、武备新识,加之日文与我国文字较为接近,翻译起来可达成事至少、费日无多的效果。另外,译书应以政治书之佳者为主,以达到善其治的目的。

为了能在二三年内将日本群书毕译于中国,康有为想出了这么一个点子。他认为中国人特别看重科第得失,视科举出身为性命,若此,不如将科举荣誉为奖项以鼓励译书。譬如,童生译成五万字以上者奖以附生身份,附生、增生译成三万字以上者奖以廪生身份,廪生奖贡生。凡诸生能译成十万字以上者给举人,举人给进士,进士给翰林,庶官皆晋一级。这真是一个奇特而又不免过于天真的设想,但这种天真中却洋溢着康有为的真诚和热情。为了避免译书重复,劳而无功,康有为希望能由京师译书局统一管理译书事宜。京师译书局每月将已译之书分科公之各省,以免重复。译者将译成之书呈于译书局,由其验之许可,再发于各省学政,试可而给第。他相信,只要政策得法,全国百万之童生,二十万之诸生,一万之举人,数千之散僚,必皆竭力从事于译日本书矣。这样,全国人士各因其性之所近而研究之,以成通才,何可量数。

康有为又进一步认为,书者空言也。实行之事,非深久游入其学校,不能深明

---

①康有为《日本变政考》,姜义华,张荣华编校:《康有为全集》第四集,北京:中国人民大学出版社,2007年版,第142页。

之。因此，还要广派游学，分学诸科。留学者一旦学成归来，则人才不可胜用。至于游学的对象，康有为认为应包括两类：一类是王公大臣，这些人身居要职，于变法维新的成败关系巨大，"而我执政及百司大臣，皆足迹未尝至海外，近支王公仍闭处都城，见闻愚陋，才局不练，一旦授之以政，或使于四方，遂望其能兴内政而御外侮，何可得哉。"①因此，康有为主张练天下人才，当自王公始。应选派王公大臣及各级官僚，出洋游历三年，讲求诸学，归能著书，始授政事；另一类是年轻学子，由各县自筹经费，按大县三人，中县二人，小县一人的规定，举其县之秀才，送至海外留学。选修课程，应以哲学、海陆军、化电、光重、农工商矿、工程机器为重点。其后岁岁议增，六年之后，立国之才，庶几有恃。

至于游学地点，康有为认为如果是去欧洲，当以德国最为理想。德国国体与我相同，文学也最为精美，但路途遥远，费用昂贵，尤其是语言文字不通，难以取得速效。相比之下，近临我国的日本倒是最为理想。日本变法立学，效法欧美，确有成效，值得学习。加之日本政俗、文字与我相近，易学易成，且道近而费省，即使是人们自费前往，也是可行的。只要实行鼓励政策，听人士负笈，东游自众，不必多烦官费，速成尤易。

康有为的这些主张不久也被光绪皇帝所采纳。六月十五日，谕令总署拟定派人出洋游学章程，催促各省速即选定学生，陆续咨送。七月初二日，谕军机大臣电各省督抚，就学堂中挑选学生，克日电咨总署，派往日本游学。虽然不久政变发生，游学人员未及大量派出，但近代游学之风已成不可遏制之势。

戊戌变法中的教育改革极大地冲击了一潭死水似的传统教育格局，当年被洋务教育撕开一个口子的传统教育至此已面临决堤的危险。19世纪80年代后期开始兴起的反思洋务教育的呼声，经过康有为的系统总结而终于汇集在变科举、兴学校这两面旗帜之下，形成了近代教育改革的第二次高潮。这次浪潮远比洋务教育初兴之时来得猛烈，它的矛头所向直指传统教育的八股取士制度，并朝着构建新式教育体制的目标呼啸而去。当时出台的教育改革措施，无疑把中国教

---

①康有为：《请派近支王公游历折》，姜义华，张荣华编校：《康有为全集》第四集，北京：中国人民大学出版社，2007年版，第64页。

育更快地推向近代化。戊戌变法失败后,1898年11月7日,在上海出版的英文报纸《字林西报》曾刊登了一篇来稿,对戊戌变法运动作了如是评论:

> 改革性质的激进,我们可以从下列诸事实显然地看出来。例如,他们终止了对外国人的传统恨恶与闭关自守的政策,鼓吹与列强友善和联盟的政策,而且倡导开放全国。其次,他们废止了那个傲慢得令人不能忍受的、自称为世界第一的教育制度,而在某些部门中代之以西洋学术。第三,不复以中国文明与中国制度为满足,维新党在各个部门中都实行大刀阔斧的改革工作,直到举世都为之震惊,认为比起这个青年的中国来,就是日本的维新速度也瞠乎其后。[1]

这个评价是客观的。康有为及维新派的历史功绩就是他们不失时机地将中国教育近代化的进程大大地向前推进了一步。当洋务教育陷入困境之际,是他们运用他们的眼光、他们的智慧、他们的胆魄、他们的求实精神,将中国教育近代化的进程推进到了一个新的高度。

---

[1] 中国史学会编:《戊戌变法》(三),上海:神州国光社,1953年版,第516页。

第五章

大同犹有道,吾欲度生民

教育近代化中的康有为

一、流亡国外忧救国

戊戌变法失败后,康有为成了清政府的通缉犯而被迫出走,开始了长达15年的流亡生涯。

对于康有为来说,离乡背井之苦倒还在其次。维新事业受阻,国家命运艰危,这如同一块巨石沉重地压在康有为的心头。1898年11月,秋风萧瑟,寒气逼人。康有为从报上看到德国人在庆贺侵占胶州湾周年的消息,不觉悲从心来,愤而赋诗:

胶海输人又一年,维新旧梦已成烟。
山河残破成何事?大鸟飞来但黯然。①

但是,康有为并没有在这一挫折面前消沉沮丧。强烈的爱国情怀和坚毅的自信心都促使康有为重新振作,他决意开展积极的求救行动,帮助光绪帝复位,继续维新事业。他把拯救光绪帝的希望全部寄托在西方国家的积极干预之上。他照会日本驻华公使,要求各国能调兵救援,"除我篡弑之贼,保我大皇帝圣躬,归我大皇帝权力"。他坚决表示,要"游走万国,涕泣陈辞,敬为我大皇帝匍匐求救"②。

康有为的这一努力并未奏效。各国政府从自身在华利益出发,并不理睬康有为的苦苦哀求。但康有为在游走万国的过程中,却意外地发现了一支可以依赖的救国力量,那就是遍布世界各地的海外华侨。

---

① 康有为:《闻报见德人贺得胶周岁事》,姜义华,张荣华编校:《康有为全集》第十二集,北京:中国人民大学出版社,2007年版,第192页。

② 康有为:《致日本驻华公使照会》,姜义华,张荣华编校:《康有为全集》第五集,北京:中国人民大学出版社,2007年版,第31—32页。

第五章 大同犹有道,吾欲度生民

当时海外华侨约有五六百万人。他们身处异域,却心怀祖国,富有爱国情怀。他们看到,维新运动是适应当时中国社会改革需要的进步运动。他们强烈希望通过改革使祖国富强,摆脱受人歧视被人凌辱的处境,使华侨得以扬眉吐气。因而他们对康有为的到来表现出了由衷的欢迎。1899年3月,康有为赴加拿大,所到之处,当地华侨欢迎场面之宏大,群情之振奋,使康有为深受感动。他激动地说:"谁谓中国民之不爱国哉!在此乡人皆通英语,亦多有明达之才、专门之学者,中国维新,需才孔亟,天其或假我尽见之,以联海外之同胞之情,而擢异域怀才之秀,未可知业,吾益知海外之民之可用也。"①

7月20日,康有为在维多利亚与当地华侨领袖商讨成立保商会事宜。席间有人建议,皇上舍身救民,保皇才能保国,有国才有侨,故保皇才能保商,应以保皇为会名。康有为立即起身"拱手称谢"。于是,"保救大清光绪皇帝会"正式成立。保皇会又称保救大清皇帝公司、中国维新会。保皇会推举康有为为会长,梁启超、徐勤为副会长。总公司之下,一个国家或一个地区成立一个总会,每一埠或数埠成立一个支会。为了壮大保皇会的力量,康有为即派遣门徒徐勤、梁朝杰等人分赴南北美洲和澳洲,奔走演说,进行宣传组织工作。1900年,康有为也亲自到东南亚活动。康有为的宣传工作极有成效,他善于利用各种机会,比如光绪皇帝的生日、六君子就义纪念日等,宣传戊戌变法的业绩,宣传保皇的意义。他亲自撰写了《保皇会歌》《爱国歌》和《爱国短行歌》在华侨中普及。歌词热情讴歌了可爱的祖国,抒发了齐心发愤建设祖国的理想,极富鼓动性。经过康有为及其弟子们的宣传组织工作,保皇会竟遍布五大洲二百余埠,会员多达百余万人。

应该肯定的是,保皇会以保国保种为宗旨,以救国自任,在揭露慈禧太后一伙卖国罪行,反对帝国主义任何形式的侵略和欺侮方面做了许多的工作,体现了爱国华侨在促进中国近代化过程中的积极作用。

在组织保皇会的过程中,康有为还大力鼓动华侨办学。1899年4月,他刚到

---

① 康有为:《游城多利温哥华二埠记》,姜义华、张荣华编校:《康有为全集》第五集,北京:中国人民大学出版社,2007年版,第119页。

教育近代化中的康有为

维多利亚,便发动华侨李梦九筹集资金创办义学,并撰文号召各地华侨向他们学习。他指出:"方今中国多艰,变法需才,游海外者皆将来维新之俊杰也。"[①]1903年康有为游爪哇,在巴城、三宝陇成立中华学校,为之草定章程,并派其门人林奎、陆敦骙等主持教务,引发了各埠闻风而动的办学效应。他在美国的纽约、芝加哥等地办了22所干城学校,以培养军官武力保卫祖国。各校均聘美国武官为教习,以美国荷马李将军为总教习,严格进行军事操练。康有为常往巡视,并专为这些学校作《干城学校歌》。海外华侨以往很少办学校,普遍创办学校便是从康有为的倡导开始的,"至今南洋华侨之得受中国教育者,皆先生提倡之力也"[②]。这对于加强华侨子弟的文化教育和爱国教育,对培养华侨人才,都起过积极作用。

海外华侨的爱国热情给了康有为极大的鼓舞,保皇会会长的身份更使他意识到自己要拯救中国的责任。1903年初夏,他感慨于人民涂炭,国势凌夷,奋笔写就《生民二章》一诗,诗中写道:

> 生民坐涂炭,国势日凌夷。
> 西藏何疆界?辽东多鼓鼙!
> 乐灾政淫怠,好乱说猖披。
> 万里投荒涕,吾生丁此期。
> 尧舜君民愿,艰难险阻身。
> 明良思会合,肝胆尚轮囷。
> 欲铸新中国,遥思迈大秦。
> 吾能不拯溺? 四万万生民。[③]

祖国的命运,人民的苦难,使康有为不能自恃。他决心继续奋斗,为创造一个

---

① 康有为:《域多利兴学记》,姜义华,张荣华编校:《康有为全集》第五集,北京:中国人民大学出版社,2007年版,第125页。

② 陆乃翔等:《南海先生传》上编,夏晓虹编:《追忆康有为》,北京:中国广播电视出版社,1997年版,第69页。

③ 康有为:《生民二章》,姜义华,张荣华编校:《康有为全集》第十二集,北京:中国人民大学出版社,2007年版,第234页。

"大秦"式的新中国,为再现一个"尧舜之治"的社会理想,他不顾"艰难险阻身"而绝不放弃拯溺生民的责任。

但中国的出路何在?"大秦"理想在何方?康有为正是带着这么一种苦苦的思虑行走于欧美大陆。在宣传组织保皇会的过程中,康有为得以游历世界各地,对资本主义社会进行了实地考察。面临着中华民族的危难,他想象着自己是一位"耐苦不死的神农"。上天既然赋予了他"先觉以任斯民"的重任,那么,他就有责任去尝遍百草,制成神方大药,以医治中国的创伤。为此,他写下了《欧洲十一国游记》《法国大革命记》《欧土政俗总论》《中西比较论》《物质救国论》等文,向国内同胞介绍一路上的见闻和感想。他在《欧洲十一国游记序》中写道:

> 天其或哀中国之病,而思有以药而寿之耶?其将令其揽万国之华实,考其性质色味,别其良楛,察其宜否,制以为方,采以为药,使中国服食之而不误于医耶?则必择一耐苦不死之神农,使之遍尝百草,而后神方大药可成,则沉疴乃可起耶?则是天纵之远游者,乃天责之大任;则又既惶既恐,以忧以惧,虑其弱而不胜也。①

二、憧憬大同思太平

对世界各地的考察,使康有为对如何拯救生民有了更为深入的思考。在那些年中,他进行了两次比较集中的考察行动。第一次是在1889年至1902年间,他游历了日本、加拿大、英国、新加坡、印度等地。第二次是在1904年至1909年间,康有为的足迹遍及意大利、瑞士、奥地利、匈牙利、德意志、法兰西、丹麦、瑞典、比利时、荷兰、英吉利、美国、墨西哥等国。

康有为漫游在欧美大陆,深深为欧美资本主义社会的盛美景况所感染。他十分感叹西方"别有文明开世界"的卓越成效,十分赞叹资本主义国家先进的生产力和物质文明。他欣赏欧美铁路既通,运输较捷,水利渐启,树木既多,雨泽渐

---

① 康有为:《欧洲十一国游记序》,姜义华,张荣华编校:《康有为全集》第七集,北京:中国人民大学出版社,2007年版,第344—345页。

教育近代化中的康有为

匀,感叹欧美人民的生活,广厦细旃,膳饮精洁,园囿乐游,香花飞屑。由此,他特别注意考察了西方资本主义生产力的进步之处,考察了欧洲建设近代国家的经验,考察了资产阶级革命的历史及其成果。他将游历各国的所观所感一一记录下来,哪些做法好,哪些做法不好;哪些值得学,哪些不值得学,他都一一作了评价分析。他认识到,政治进步乃是国家富强的根本,因此,改革君主专制政体,兴民权,立宪政,乃是文明进步的必然趋势。世界资本主义发展历史证明,谁率先施行这种政体,谁便首先富强。由此,康有为对各国历史上的杰出政治家表现出了由衷的敬意。他去瞻仰了意大利首相、君主立宪派领袖加富尔的铜像,瞻仰了恺撒大帝、拿破仑、俾斯麦、华盛顿、彼得大帝的故居、陵墓及生前活动之地。所到之处,或赋诗,或记文,表达了康有为对这些推动历史进程的政治家的景仰之情。

但是,康有为在游历各国时,也看到了资本主义社会存在着大量的阴暗面。他看到了资本主义社会贫富悬殊的现象依然十分显著,尤其是大量的失业人群在饥饿死亡线上挣扎,所有举世闻名的繁华都市都有大片的贫民窟存在,这里的道路泥泞污秽,褴褛相望。他看到了在资本竞争和垄断的驱使之下,社会上"欺人自得,信实全无,廉耻暗丧"的现象比比皆是,为了打败对手,"或生井陷,机诈百生"。而各国之间的掠夺和侵略,又造成普天之下"兵争之惨"和"兵役之苦",给世界人民带来的苦难十分深重。

他看到在资本竞争和垄断的驱使下,资本主义的民主自由仍然是一句空话。在那里,为竞选而"密谋相攻,或至动兵行政"之事比比皆是。资产阶级头面人物为争权夺势,不惜手段以盗世名,大罗酒席以媚庶人,"失仪无节,乃野蛮之至,可为大耻"。而在这些社会活动中,男女依旧不平等,"今欧美妇女不许为官","不独不得为议员,且不得为国民",甚至在欧美这些发达国家,"妇女为人私属"的现象还十分普遍。①这些触目惊心的事实,使康有为十分感慨:"未游欧洲者,想其地若皆琼楼玉宇,视其人皆神仙才贤;岂知其垢秽不治、诈盗遍野若此哉!故谓百闻不如一见也。吾昔尝游欧美至英伦,已觉所见远不若平日读书之梦想神游,为之失望。"②

---

①康有为:《大同书》,姜义华,张荣华编校:《康有为全集》第七集,北京:中国人民大学出版社,2007年版,第53—78页。

②康有为:《意大利游记》,姜义华,张荣华编校:《康有为全集》第七集,北京:中国人民大学出版社,2007年版,第351页。

人类社会"可惊、可骇、可嗟、可泣"的一面，使康有为深深意识到"盖全世界皆忧患之世而已，普天下人皆忧患之人而已，普天下众生皆戕杀之生而已。苍苍者天，厚厚者地，不过一大杀场、大牢狱而已"①。他感叹"人道之苦无量数"，他认识到资本主义社会并不是人类的至善至美的社会，更不是他所追求的理想社会。

康有为认为，中国社会还处于"据乱世"的阶段，而欧美诸国已接近"升平世"了。它虽然比"据乱世"的社会大有进步，却与"太平世"的社会还有天渊之别。他认为人类在现存的社会制度中莫不深受苦难，不论富贵帝王，还是贫穷庶民，皆不能幸免。他认为这个社会，既有贫穷之苦、压制之苦、奴婢之苦，也有富人之苦、贵者之苦、帝王之苦。他把人生苦难的根源归结为"九界"，即国界、级界、种界、产界、家界、形界、乱界、类界、苦界等，"总诸苦之根源，皆因九界而已"。他认为救苦之道，关键在于破除九界。因而，不论是剥削阶级还是被剥削阶级，不应纠缠于阶级的恩恩怨怨，而应相互同情相互拯救，协力合作破除九界，消灭苦难，追求极乐。人类只有齐心协力，破除九界，消灭苦难，就能进入太平之世。

康有为再次意识到了自己的责任，"吾既为人，吾将忍心而逃人，不共其忧患焉？"他更坚信自己所阐发的"三世说"是正确的，更坚信大同社会乃是自己奋斗的最高理想。他说："神明圣王孔子早虑之忧之，故立三统三世之法，据乱之后，易以升平、太平，小康之后，进以大同。""吾既生乱世，目击苦道，而思有以救之，昧昧我思，其惟行大同之道，行太平之道哉！遍观世法，舍大同之道而欲救生人之苦，致其大乐，殆无由也。大同之道，至平也，至公也，至仁也，治之至也。"②

于是，康有为上览古昔，下考当今，近观中国，远揽全地，尊极帝王，贱及隶庶，决心以救世主自命，从"不忍人之心"出发，要普度众生脱离苦海，给人类指引一条进入"太平世"的大同之路。

1902年，康有为在印度大吉岭落脚。这年的1月，他的第二夫人梁随觉为他

---

① 康有为：《大同书》，姜义华，张荣华编校：《康有为全集》第七集，北京：中国人民大学出版社，2007年版，第4页。

② 康有为：《大同书》，姜义华，张荣华编校：《康有为全集》第七集，北京：中国人民大学出版社，2007年版，第5-7页。

教育近代化中的康有为

生下一个儿子。久盼后继有人的康有为非常高兴,谁料好景不长,这个儿子未弥月便夭折。这一不幸又将康有为打入痛苦的深渊。悲喜交织,反倒进一步激发了康有为对大同社会的憧憬。激情所至,不能自持。整整四个月的时间,康有为闭门不出,奋笔疾书。他将青年时期就已萌发的大同理想,糅合游历诸国的所见所闻所想,通过《大同书》向世人勾勒出一幅大同之世的清晰图像,对人类实现大同社会的途径提出了更为明确的主张。

康有为主张,大同社会应是"全地大同,无国土之分,无种族之异,无兵争之事"的美好世界。全世界的最高社会行政组织为"全地大同公政府",其下设置民部、农部、牧部、渔部、矿部、工部、商部、金部、辟部、水部、铁路部、邮部、电线部、船部、飞空部、卫生部、文学部、奖智部、讲道部、极乐部等20个部。全地球按经纬度各分为100度,共10000度。除去海洋区域,陆地部分约有3000多度。每度设一自治公政府,下设民、农、矿、工、商、金、辟、水、通、医、文、道、智、乐等14曹。各度公政府下面按地区设地方自治局,各置农、矿、牧、渔、工、商、金、都水、辟山、道路、游徼、卫生、讲道、评事等14局。地方自治局下属各农场、牧场、渔场、工厂、商店,各由厂主负责,不再设乡官。

康有为主张,大同社会实行高度的民主自由。全地大同社会没有帝王,没有总统,没有贵族,没有阶级,没有军队,没有法院,一切法律和重大事情都由民主讨论决定。在全地大同公政府和各度分政府,都另外设四个院:一是会议院,凡各部相关之事及公共大政,由各部、各曹官员于此公议;二是上议院,由各度分政府或各地方自治局各举一人组成,讨论法律职规大政,并掌大裁判、政教、文艺、评论之事;三是下议院,只设书记,不选议员,届时通过电话会议,合全地之人公议一切法律、规则、财政等;四是公报院,由全地各度公举数人,掌公共查报各地之事。各级公政府的官员、议员都由民主选举产生,所有人民都有参政、议政的权利。

大同社会是一个以公产为核心的社会。康有为说:"今欲致大同,必去人之私产而后可,凡农工商之业,必归之公。"全地大同的农工商业,乃至交通、邮电、医院、学校及各种文教福利事业无一不是公产公营。生产计划由商部、农部、工部根据每岁每月所需,因地制宜,将生产指标层层下达到各地区自治局,直至落实到各农场、工厂。产品除留足本地区所需外,就近调拨,互通有无,由各地商店组织供应。"各地之货万品并陈,每品之中万色并列,……惟人所择。"

大同社会没有家庭,每个人从生到死都由公政府"公养""公教""公恤"。每个地方自治局设有人本院、育婴院、慈幼院、小学院、中学院、大学院、医疾院、养老院、恤贫院、考终院等一整套公益机构。孕妇皆入人本院实行胎教。儿童3至6个月后即送入育婴院,3至6岁入慈幼院,6至10岁进小学院,11至15岁入中学院,16至20岁进大学院。大学院毕业后参加工作,60岁入养老院,人死送考终院火化。

大同社会的生产高度机械化、电器化和自动化,所有劳动者都是大学院毕业者,不仅具有专门知识,而且具有文学知识。每天工作仅三四个小时或一两个小时便可,其余时间皆为游乐、读书之时。人人凭劳动向公政府领取工资,工资视各人才之高下、阅历之深浅而略分为10级。公政府对每个人的工作实行奖惩制度,对勤者奖之,精者赏之,加其工价;对懒惰不工作者驱逐之。①

在康有为的心中,人类的大同世界是个极乐园。在这里,人人享受着高度的物质文明和精神文明。人人有工作,有住房,一切衣食住行无不极其豪华舒适。每天工余或休息日,人们可以随心所欲地逛公园、看戏、欣赏音乐、参观展览、阅读图书报刊,假期可到各地旅游。各地医院遍布,每天给每人检查一次身体。加之生活条件大大改善,人类的寿命可由一两百岁而渐至千数百岁。

这么一个极乐世界,康有为认为是完全可以实现的。他认为只有争取男女平等各自独立,就可顺利地破除家界、产界、国界、神界、形界,其余级界、乱界、类界和苦界便可迎刃而解。而其中,消灭家庭乃是关键一步。"有家之私未去,私产主义犹行,欲平此非常之争而救之,殆无由也。"家庭是私有制的根源,也是产生经济不平等、政治不平等的根源。由此而导致了阶级的对立,导致了阶级斗争,

---

① 康有为:《大同书》,姜义华,张荣华编校:《康有为全集》第七集,北京:中国人民大学出版社,2007年版,第164—183页。

导致了"铁血之祸",使人相食的惨状永远不可能根绝。由此,要"去产界""去级界""去国界""去种界",就必须首先"自去人之家始","全世界之人既无家,则去国而至大同亦易矣"。在康有为看来,没有家庭,就没有私有财产和阶级。这样,人类社会的发展既不需要残酷的阶级斗争,更不会有"铁血之祸"的革命,这样就可以舒舒服服地和平过渡到大同社会了。

《大同书》书稿完成,康有为长长地舒了一口气。他推窗远眺,遥望东北,心中感慨,一诗既成。其中有言:

> 人道只求乐,天心惟有仁。
> 先除诸苦法,渐见太平春。
> 一一生花界,人人现佛身。
> 大同犹有道,吾欲度生民。①

康有为希望,通过传播极乐世界的"新福音",唤起人们的"不忍人之心",整个人类便能和平地、自觉自愿地奔向大同社会。

三、教育普及造天民

《大同书》的完成,也使康有为的教育改革理想达到完美的境界。康有为坚定地认为,大同社会的真髓应该是人的完全平等独立。他认为人的本质是天然的,他说:"人非人能为,人皆天所生也,故人人皆直隶于天。"所以人不是家人,也不是臣民、国民,而是"天民"。而"据乱世"和"升平世"不合理的一个重要方面就是不能给人以充分的发展,不能给人以真正完全的独立和平等。他痛斥在"据乱世"乃"举世闻人皆烦恼人也,皆可悲可悯人也!不改弦易辙,扫除更张,无以度之乎"。他对已近"升平世"的欧美诸国的失望,也是看到那里依旧是贫富悬殊,贵贱有等,妇女依旧沉溺于为人私属。在那些号称资本家天堂的繁华都市,却是贫民的地狱。"彼忧贫抑塞,溥天皆是,不拔其根,不除其源,而欲致太平之乐,岂可得耶!"他所憧憬的大同社会是一个人人平等、忧虑绝无的极乐世界,它能给

---

① 康有为:《大同书成题词》,姜义华,张荣华编校:《康有为全集》第十二集,北京:中国人民大学出版社,2007年版,第136页。

人以充分的发展,给人以尽情的享受。他强调指出:"欲以度我全世界之同胞而永救其疾苦焉,其惟天予人权,平等独立哉!"

大同社会为每个人的成长与发展创造了良好的条件。自胎儿成形至二十成人,大同社会通过一整套的教育机构,使儿童的每一步成长都沐浴在大同的氛围之中。康有为设计的大同社会的教育蓝图,充分体现了他的教育改革理想。

在康有为所构造的大同社会蓝图中,学校林立,学制完备,全球各地无处不设学,全地之人无不享受着自育婴院至大学院的完全教育。教育是人们享受文明的重要条件,也是大同社会得以发展的先决条件。康有为早在戊戌变法时期对照中西差异之时,就特别强调了中西对比悬殊的根源在于教育的程度不同,因而他对大同社会的憧憬也就自然将教育普及和教育机会的平等的理想融入其中,从而构筑了大同社会的教育框架。

在康有为看来,自幼儿教育至高等教育,对于大同社会的成员来说都是十分必要和至关重要的。婴幼儿的养育乃是"人类所关",婴幼儿的成长"不在一日之生而在三年之怀",其思其德,昊天罔极。而小学教育乃是人道蒙养之始,人生终身之德性、之身体、之智慧,皆视这一阶段之基础如何。习于正则正,习于邪则邪。入兰室则香,居鲍肆则臭。中学教育是人生学问之通否、德性之成否的关键阶段。学问不通,则无由上达于专门之学,而终身受其害;德性不定,则长大以后习行惯熟,终身不能化。大学教育则是人生学终之事,关系到一生的前途,不于此时尽其知识,不可得也。因此,普及高等教育,是大同社会成员素质的基本需要。

在大同社会里,人们的教育从母亲怀孕之时便开始,社会普遍设立胎教院(或称人本院)。胎教院以正生人之本、厚人道之原为宗旨,妇人有孕,皆应入院。入院后,以高洁寡欲、学道养身为正义,终日常有琴乐歌管相伴。康有为认为,声音动荡,最能感人,其入魂尤易,但要取其最和平中正者。常以乐声养其耳,必能养性情而发神智。胎教院中有女傅、医生负责照料调理,孕妇生产后有女看护专为抚视。

婴儿自3至6个月便送入育婴院。育婴院要为婴儿举行定名礼,康有为认为,婴儿取名必经公家,不得随父母姓。他认为:"惟婴儿既经公养,人为全地之公物,非父母所得私有之,不过藉父母以生之耳。公家有宝星以赏其胎产之劳,足偿之矣,既不必从太古之母姓;不须父养,亦不必同后世之父姓也。且凡有姓则有所私亲,势必如广东各姓之互争而相战。此在太古人类自立则赖亡,大同之时最忌别异,必当去之矣。"

自六岁开始,儿童进入小学院、中学院,大家寝则同寝,食则同桌,衣着同式,德才相摩。"十五年中,同为世界之人,无一人之或富、或贫、或贵、或贱,同育公家,同学公学,无家可恃,无私可恋,无累可牵,无德可感,无游非学,无群非学,齐驱并进,无却无前,万千并头,喁喁向上。虽欲不学乎,有引于前,有鞭于后,无由有失学者矣,人固无不德性齐一,学识通明矣。"

大同社会普及高等教育。康有为认为,世愈文明,分业愈众,研求愈细,究辨愈精。由于大同社会生产力的高度发达,无业不设专门,因而劳动者的素质必须具有高等专门学的培训。他说:"惟大同之世,天下为公,欲成就同类,俾其大成,故令人人有此五年之学。"在这一级的教育中,各人惟志所之,各禀天赋,各听自由,各从所好,分业成能,通力合作。在大同的氛围之下,容易形成人人向学、喁喁向上的激励条件。因为"重念二十出学之后,上无公家之养,下无父母之蓄,欲不发愤而成学业,将立为饿莩矣,否则入恤贫院而为苦工,名誉全削,终身不齿于人类矣。此又中人以下所不甘者也。况导以善诱之良师,夹以万千之侪辈,耻心既激,循序可升。虽极顽钝之资,无有不成之材矣"。

据此,康有为制订了各级教育的基本目标。育婴院当以养儿体、乐儿魂、开儿知识为主。小学院的教育则因儿童年幼嫩稚,性情未定,知识甫开,因而当以育德为先,熏德善良,以养体为主,开智次之。应令其功课稍少而游嬉较多,以动荡其血气,发扬其身体。中学院教育则因学生脑气未充,身体尚弱,故养体开智之外,又以育德为重,做到德性当令养之益熟,知识当令导之益开,有节有度以养其正。大学院教育则因学生脑髓已通,所以于育德强体之后,专以开智为主。学生各从其志,各认专门之学以就专科之师。大学院之后,对尤高才者,或有精奇之思,博综之学,或著新书有成,或创新学独出者,由大师以公同保荐。除就业一年外,公家特给学士荣衔,别给俸禄三年,以成其绝学。由此可见,康有为的培养目标是从德智体三方面造就人才。他根据人的生理特点,在德智体三者兼顾的前提下,各级教育都注意侧重其中的一项或两项内容。这样各级教育既有重点,又兼顾全面。而各级教育的综合,便形成统一的完整的素质培养方案。这个主张可以看出康有为教育改革的求实精神。

要完满贯彻各级教育的培养目标,康有为认为关键在于教师。教师是学生的楷模,教师是实施教育的关键,因而教师的素质便至为重要。根据各级教育目标的不同,康有为认为,育婴院的教师应由德性慈祥、身体强健、资禀敏慧,有恒性而无倦心、有禀性而非方品的女性充选;小学院教师应由德性仁慈、威仪端正、学问通达、诲诱不倦的女性担任;中学院的教师则要求贤达之士,其行谊方正,德性仁明,文学广博,思悟通妙而又诲人不倦,慈幼有恒;大学院则需择专学精深奥妙、实验有得者为之。

为了更好地提高教育的效率,康有为认为校园的环境是不可忽视的教育因素。校园环境又可分为两类,一类为校园外部环境,即校址的择定和校内环境布置;一类为校园人文环境,即学生衣食住行的氛围。

康有为认为,校址的择定切不可掉以轻心,如果在林暗谷幽、岩洞崎岖、低洼湿润之地设立小学院,则于儿童养业、活动、精神皆不宜。他对择定校址提出了这么几个原则:第一,要远离戏馆、声狎、酒宴之地;第二,要远离坟墓葬所;第三,要远离工厂、车场、市场等喧哗之地。为的是使非礼不祥之事不接于耳目,哗嚣杂乱之物不扰于神思,保其静正之原,乃可广其知识之学。而大学院则因大学生已达不待束缚不事防检的程度,故其校址要根据专业特点而择定。农学设于田野,商学设于市肆,工学设于作场,矿学设于山巅,渔学设于水滨。这样学校与社会融为一体,不统一而分居,乃所以亲切而有用,征实而可信。

校园内部的环境则要有利于学生的学习和生活,使其尽心于学,尽情于游。学校内部教学设施应该齐全,如体操场、游步场、藏书楼、实验室、自食堂等都应齐备。校园皆有游园,水草花木无不茂美,亭池舟楫莫不毕备。

康有为还十分重视校园人文环境的建设。早在创办万木草堂时,他就特别强调"检摄威仪"一条,为形成独特的良好学风打下了基础。对大同社会的学校,他也同样注重这一教育因素。尤其是对中学院和大学院,他认为应实施军事化生活。所有学生,衣服应同式,饮食皆同时,起居、出入、吃饭、上课上操,皆有部位,分班序列。大师如将帅,分教如偏裨,小教习、小分教如队长。要做到人数万千,部署整肃,俨如军队。这样做可以产生两方面教育效果:一是道德易一,风化易同,其有过失者,终身不容于众,以为愧耻,故亦寡矣;二是有利于培养大同观念,康有为强调,大同社会每一院如一小国,学者即其人民,教习司理即其公卿、士夫。这样,学生长期熏陶于其中,一旦毕业便能很快适应大同社会的秩序。这种注重集体的教育力量,注重校园文化建设的思想,不愧为是开风气之先的。①

康有为的这一教育思想在近代教育史上是空前的。虽然其构想的框架是以资本主义教育体制为蓝本,但他所融入其中的教育理想却远远超出了资本主义教育的范畴,体现了人类对享受教育权利的公理、正义、平等的理想追求。康有为教育理想的出发点和归宿都是建立在人的天赋人权和独立平等这一基点之上的。其肯定人性的平等,强调教育权利的平等,强调提供给人以充分发展的社会条件的平等,是康有为教育理想的核心点。因而他的教育理想洋溢着反封建的战斗精神,充满着对资本主义虚伪人权的批判精神。在清政府正准备遮遮掩掩地借鉴资本主义教育制度外壳之时,康有为这一教育宣言的先进性当是十分明了的。另外,康有为的教育理想又是建立在对教育规律的理解和遵循之上的。他关于各级教育目标各有侧重又相互衔接的主张,关于德智体协调发展的主张,关于各级教师选聘条件的主张,关于教育环境的主张,关于校园人文环境的主张,都是遵循着人的身心发展规律而阐发的,都是符合教育规律的。而这些,正是中国教育改革所着力的方向。

从对传统教育的批判,到维新运动期间"变科举,兴学校"的呐喊,再到大同

---

① 康有为:《大同书》,姜义华,张荣华编校:《康有为全集》第七集,北京:中国人民大学出版社,2007年版,第78-118页。

教育理想的确立,康有为的教育改革思想已经历了三次飞跃而达到了一个理性的高度。仅就这一点,康有为对推动近代教育改革进程的贡献已是功不可没。应该说,《大同书》中的教育理想的阐发最终奠定了康有为作为近代教育家的地位。

四、标揭"物质救国论"

如何才能使中国尽早富强,尽快步入大同之世,康有为遍游欧美,深观细察,较量中西之得失,为国人开列了一付"救国之急药",这就是他于1905年所写的《物质救国论》。①

康有为认为,近世以来,人们为救国而提出的医论多而杂。洋务运动时期,洋务派草昧初开,得之太浅,认为欧美之强只在军兵炮舰,而未见其之本,因而于救国无补。甲午海战后,人们又认为欧美之强在于民智,而开民智在盛学校。戊戌之后,人们又认为欧美之强在哲学,故尽弃数千年之教学而不顾,倡言自由革命。此则又求之太深。这两种药方都失之偏颇。得之太浅则变法力度不够,求之太深则导致中国近世变法一误于空名之学校,再误于自由革命之说。而后者给近代中国变法带来的危害尤为严重。康有为认为中国并不缺乏自由,自孔门尊倡自由之义,中国两千年来大受自由之乐。而资产阶级革命派乃不审中国病本之何如,乃尽弃数千年之教学而从之,故而才有了举国上下瞽者论目、盲人骑马的怪事。

按康有为的分析,中国之病弱并不在道德哲学,而在于物质学的缺乏。他说:"中国数千年之文明,实冠大地,然偏重道德哲学,而于物质最缺然";"中国之病弱,非有他也,在不知讲物质学而已"。经过欧美游历,康有为进一步看到了物质就是一种力量,是一种竞争的实力。尤其是在资本主义潮流冲击全球的时代,各国竞争之力归根到底都取决于这种物质力量的盛衰。他说:"夫势者,力也,力者物质之为多。故方今竞新之世,有物质学者生,无物质学者死。"这种看法,在鸦片

---

① 康有为:《物质救国论》,姜义华,张荣华编校:《康有为全集》第八集,北京:中国人民大学出版社,2007年版,第63—101页。

战争发生 60 多年之后,已不是很新鲜了,但在康有为的思想发展进程中却是十分重要的。在维新运动中,康有为虽然也看到了发展资本主义生产力的重要性,但那些主张还多停留在感性阶段,那些认识还处于肤浅、零散、片面的程度。其救亡图存所依赖的主要力量还是偏重于道德,生产力的发展还只是视为道德力量的一种附属。而游历欧亚之后,他对资本主义生产力的认识已大大前进了。

这里,康有为对科学的功能和作用也给予了充分的肯定。他认为科学作为技术手段,在参与人类变革自然的实践中的作用是十分巨大的。人类社会器物的改进、奇迹的创造,"无不由物质而来,而于他学无预"。在人类对自然的改造进程中,科学可"以小为大,缩远作近,照暗为明,省日增寿,速行开智,倍植人口,开辟地利,增产滋富"。不仅如此,他还认为科学作为生产力,能够积极参与改造社会的实践。欧美之所以能以小为大,以弱为强,关键在于"能以物质学自增其力"。凡军国民之大同,乃至物体、知识、道德、风俗、国政,都因科学的伟力而剖析变动,发生了奇迹般的变化。由此,康有为认为,物质学为一切事理之托命、社会发展之基石,有如能载万物的大地和航行于海上的巨舰。假如一个国家"无汽无电,无工无商,无兵无炮",必无法自立于今日竞争之世。康有为认为,科学对社会改造的作用是不可替代的。他以自己作喻:"我虽略具热诚,粗通学理,而于物质、实业,不能成一艺,则于救国之实事,即为无用之尤。"这个看法虽然失之偏颇,但对科学作用的肯定却是显而易见的。

在书中,康有为重点谈论了"中国救急之方在兴物质","论欧人之强在物质而中国最乏","论英先倡物质而最强","论今日强国在军兵、炮械,其本则在物质","论今日治海军当急,而海军终赖于物质","治军在理财,理财在富民而百事皆本于物质学","二十年来德国物质盛,故最强","美国文明在物质,非教化可至","论中国古教以农立国,教化可美而不可开新物质,则无由比欧美文物",等等。

基于这些认识,康有为认为:"救国至急之方者,则惟在物质一事而已。"他迫切希望中国能像西方资本主义国家那样,迅速地走上近代工业化的道路。他设想能用十年、二十年或三十年的时间,将中国建设成为一个可以与西方匹敌的物质文明国家。这一愿望应该说是良好的。但问题在于,康有为的物质救国论的基础是建立在将物质与精神截然割裂的二元论之上的。当他在欧美诸国一次次地为资本主义生产力所惊叹和折服时，也一次次地为充斥于资本主义社会中的贪作淫盗杀掠之风、饥寒污秽之状所震惊。这种物质与道德的反差现象，使康有为得出了"僻鄙之区多道德，而文明之地，道德反衰"的结论。对比中西，他认为若以道德论，中国胜于欧美。既然道德衰败的欧美诸国仅凭先进的物质力量便可富强，那么，中国如能讲求物质便可强上加强了。虽然他承认中国之缺处固然多，政治变革也十分重要，但政治变革可以一朝而举，而工艺汽电炮舰等，却是不可指日而功的。而且，假如热衷于倡言自由革命，即使中国四万万人都成了卢梭、康德、斯宾塞、培根，而不大讲物质学，也只能是供人宰割之具，奴虏之用而已。

为了大倡物质学，康有为主张从两个方面下着实工夫：第一，广派游学，拓开眼界，向欧美强国学习科学；第二，在国内大开物质学。康有为为此提出了八条措施，即开实业学校，小学增设机器、制木二科，办博物馆，办型图馆，办制造厂，办分业职工学校，办赛会。第八条措施便是将这七者交举而并行，互摩而致精，以在全国上下形成学科学、用科学的环境和氛围。

康有为认为，应在各省大市府广开实业学校，着令各国使馆帮助延聘名匠为学校教习，即使重金也在所不惜。他建议，实业学校可收学费，如果每个学生收费达数十元，一省有数千人就学，这笔学费就完全可以用来支付外国教习的工资和办学经费。他强调，科学为救国之第一事，宁百事不办，此必不可缺者。

康有为认为，学习科学应从儿童抓起。童而习之其事易，长而学之其事难。应该在小学增设机器、制木二科，使儿童自小练习仿造等技能，久习生精。将来十数年后，必使物质之人才辈出。

康有为认为，今国人之所以难于制造者，实由见闻之不开。如能在全国多设博物馆，将所有新器皆购置一件，延聘外国名匠当场操作，则国人皆可一览而得之。这样不独在校学生观后易于明解，而且国人中肯定不乏性近而有志者，一见即可心摹而力近之。如果国家再辅之以政策，对创新器者重赏之，则完全可以形成当年士子争相研求八股之风气。除了多开博物馆外，康有为还建议每省开一型图馆,将各国各行业之模型或图纸,大陈其间,让国人一见可识,不劳而能,以开民智。

《物质救国论》一书的写成,表明科学在康有为的心目中的位置越来越重要,以致被推崇为改造社会的至高无上的力量。但书中所阐述的物质与精神割裂的思想,较之康有为在维新运动时期的思想已经有了明显的倒退。当年戊戌维新的特定意义在于,它突破了物质与精神分割的"中体西用"的思维定式,第一次提出了全面学习西方科学技术与民主政治制度的近代化的纲领和措施,强劲地改变了中国传统的价值观念和理论结构。然而,同样是这个康有为,面对风起云涌的资产阶级革命浪潮,却一个劲地鼓吹中国并不缺乏自由,所缺的只是物质学。这种论调并不是什么新鲜观点,只是当年洋务派"中体西用"的翻版。康有为在这里有意回避的关键问题是,清朝专制统治的事实,清朝专制统治严重阻碍中国近代化进程的事实。在这种思想倒退的后面分明折射出康有为对资产阶级革命浪潮的仇视,对摇摇欲坠的清朝统治的眷恋。康有为的教育改革思路至此也开始了转折,由当年呼唤人格的回归转向了倡导自然科学素质的追求。同样还是"开民智"这句口号,但其内涵仅限于科学技术的讲求,而对当年维新派大倡政治学说的开民智的含义作了修正。

另外,康有为的科学功底十分有限,他主要还是借助直觉体悟,来向国人介绍世界先进的科学技术,因而他的科学观本身也常常是模糊的,似是而非的。面对救亡图存这一社会主题,康有为对物质力量的推崇又显得过于简单化了。他说:"故为中国谋者,无待高论也,亦不须美备之法也,苟得工艺炮舰之一二,可以存矣,可不忧亡矣。今日所急急者救亡耳,既不亡矣,则其后之盛强繁美,不待期而自致焉矣。"

康有为的想法总是趋于天真而绝对化,于此又可见一斑了。

第六章

五十八年忧国事,今年忧甚可沉冥

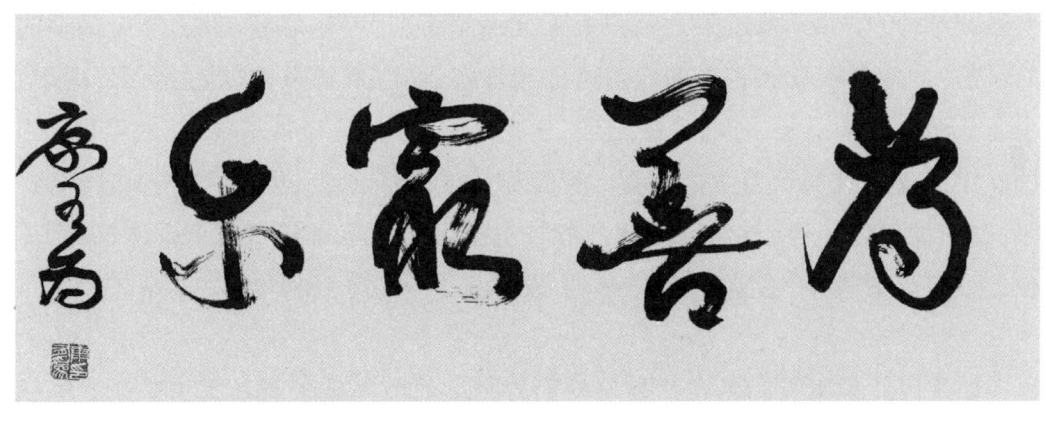

教育近代化中的康有为

一、"虚君共和"倡孔教

辛亥革命的到来,是康有为始料不及的。

自从戊戌变法失败,康有为最终确立了保皇救国的政治目标,其理论建构和实践活动都围绕着这一目标而展开。凡是有悖于这一原则的,康有为都持反对的立场。面对资产阶级革命之潮的"弥漫卷拍",康有为一再警告国人如任其泛滥,必会加速亡国。当康门弟子中也有不少人受到革命思想的影响,主张用革命的手段推翻清朝政府,以实现救国和改革社会的目标时,康有为特意写了两封信,专门讨论革命自立问题。一封是《答南北美洲诸华商论中国只可行立宪不可行革命书》,一封是《与同学诸子梁启超等论印度亡国由于各省自立书》。信中特别强调革命自立是"求速灭亡",只有靠光绪皇帝"用专制之权变法,乃今最适时之灵药"。他考察欧洲各国的政治历史和现实,用主观构想的"君主立宪"理想,去衡量西方资本主义制度,力图论证"立宪有利进化,革命带来破坏"的道理。当1906年清政府宣布预备立宪之际,康有为立即起而响应,提出了"尊崇皇室,扩张民权"的纲领。当光绪死后,他又把君主立宪的希望寄托在新皇帝溥仪身上。他上书摄政王载沣,毛遂自荐,表示愿"更效驰驱,共建大业"。

如果因此说康有为是在清政府的武力镇压面前吓破了胆而害怕革命,恐怕不能下这么一个结论。在近代社会变革的激流旋涡之中,康有为表现出来的勇气和胆魄都是无可非议的。那么,康有为是不是还在迷恋着君主专制制度?这个结论也是站不住脚的。他在维新运动中提出的变法主张从本质上讲是要推动中国的改革开放,即使是流亡海外,其政纲的核心成分仍然有"兴民权"这一条,这是与君主专制统治格格不入的。那康有为为什么还要抱着清朝统治这具僵尸不放呢?

平心而论,康有为的确是一个具有强烈历史责任感的人,他的爱国情怀也确实令人仰慕。但是他又是一个极端固执的自我中心主义者,他一向认为自己是"天责之大任"的先知先觉,把自己视为拯救中国于苦难的救世主。他对保皇会的成员就不无得意地这样说过:"鄙人不才,然于举国四万万人中,一切为老马之导,立旨必在天下未言之先,告成仅在艰关数年之后,虽阻我攻我,逐我杀我,如麻并起,而其后无不俯首帖耳,折而从我,虽以至强之力无限,至尊之威无穷者,不能少背焉,岂仆有旋乾转坤之力哉!先审时势之所趋,穷知事理者所极耳。"①这种得意早已深植于康有为的心中,早已内化成一种潜意识,滋养着康有为立志出人头地、呼风唤雨的强烈欲望,并成为其行动的内驱力。维新运动时期,维新领袖的荣耀、光绪皇帝的器重,进一步加剧了其自我膨胀,也使康有为看到了个人前途的希望。因此,对戊戌变法的失败,康有为的哀叹与惋惜,在很大程度上也是为个人前途的受挫而发的。在康有为的心中,如果光绪皇帝不倒,那他康有为就能保住左右国家命运的地位。反之,如果光绪皇帝不能再度主政,如果革命成功,清朝统治垮台,康有为的教主地位也就无望了。这就是康有为仇视革命的深层原因。

但是,推翻清朝专制政体的资产阶级革命还是实实在在地发生了。

当时正在日本的康有为听到辛亥革命的消息后"忧心如焚"。他在给徐勤的一封信中写到:"日传消息,皆是沦陷响应,若是则可不期月而国亡。信到后不知天地有否?呜呼!以法国鉴之,革党必无成,以印度鉴之,中国必亡。"②情急中的康有为调遣数员干将日夜兼程,从日本赶往北京,企图促使清政府加快立宪进程,抚慰革命党,促使事变和平解决,将革命纳入君主立宪的轨道。他自己则奋笔疾书,写下了《救亡论》10篇,反复向国人强调中国施行帝制已数千年,如果骤变必然引发社会动乱和亡国之灾难,共和政体不适合中国国情,中国只可实行君主立宪。但康有为所有的这些策划根本还来不及实施便化为乌有,康有为写

---

① 康有为:《保皇会改为国民宪政会文》,汤志钧编:《康有为政论集》,北京:中华书局,1981年版,第601页。
② 康有为:《致徐勤密书》,姜义华,张荣华编校:《康有为全集》第九集,北京:中国人民大学出版社,2007年版,第200页。

的《救亡论》也因形势的不利而不敢拿出来。历史的车轮就这么和着康有为的哀鸣将中国载入了民国时代。

在时代潮流面前,许多立宪派人士也纷纷改变宗旨,赞成共和。康有为也不得不在其后写的《共和政体论》中承认了"君主虚位,已同禅让,满洲归化,实同灭亡,天所废之,谁能兴之"的现实。但对如何建设一个新政体这一问题,康有为绝不甘心听之任之。在民国初期的几年间,他连篇累牍地发表文章,四处奔波发表演说,所议论的话题几乎到了无所不包的地步。从政体到民生,从宪法到经济,从外交到文化,他都尽力宣传着自己的主张而向社会显示着自己的存在。用他自己的话说:"凡与吾交亲之大地、中国,乐者吾乐之,忧者吾忧之,吾不能禁绝吾乐忧,而躬际中国之危难,于是不忍之心旁薄而相袭,触处而怒发,不能自恝焉。"①这是康有为的由衷之言。他的不甘寂寞,既源于他对国家的挚爱之情,也出于他不甘心退出历史舞台的执著和主观自信的性格。尤其是在这关系着中国何去何从的历史关头,康有为还想再创戊戌变法时期的辉煌。他要让人们记住,只有他才是普度众生的救世主。他常爱唠叨着"呜呼噫嘻吾不幸而言中",他用"不幸而言中不听则国亡"为书名搜集了这一时期的文章,无非就是向国人宣示,只有在他的手中才有使中国摆脱苦难步入大同的救世蓝图。

如何才能救中国于深渊?康有为给国人开具的一副药方,曰"虚君共和"。按照康有为的解释,所谓"虚君共和",就是剥夺清皇室一切实权,而保其帝王之虚名虚位,建立一个虽有君主实质共和的政体。康有为认为,从世界各国政体来看,君主制有专制与立宪之分,共和制也有议长与总统之分,那么,也就可以有虚君之共和这样一种新体。从中国的国情看,虽然虚君只是立一"无权无为"如同"土木偶"的君主,但这样上下名分已定,群臣敬畏,人不争之,才可安国"弭乱"。

要虚君,当立何人为最佳?康有为提出了两个方案。他认为,举国之中具有不争之资格的君主,如按沿袭旧制言之,当以清朝废帝溥仪最为合适;如按传统思

---

① 康有为:《不忍杂志序》,姜义华,张荣华编校:《康有为全集》第九集,北京:中国人民大学出版社,2007年版,第353页。

第六章 五十八年忧国事,今年忧甚可沉冥

想权威言之,则以孔子后裔衍圣公当世莫属。康有为是颇有心机的。依他的本意,当然是要拥立清朝皇帝为共和政体之君主,但在当时的情势下,贸然倡行复辟,显然不合时宜。所以康有为当时花费笔墨较多的是鼓吹第二套方案,即拥立孔子后裔于虚位。康有为的醉翁之意仍在恢复帝制,只不过抬出孔子后裔更容易掩人耳目,更容易迎合国人的传统心理,更容易在弘扬国粹的标榜下打通复辟的道路。

为此,康有为不遗余力地在全国上下导演了一场"立孔教为国教"的闹剧。

废除"忠君""尊孔"是民国初年教育改革的一项带有根本性的措施。"忠君""尊孔"是传统教育的两大支柱,是清末统治者对抗资产阶级革命潮流,维护专制统治的两张王牌。在近代教育改革的潮流冲击之下,清末统治者被迫接纳了自然科学知识的教学内容,接纳了新的学校体制,但在教育指导思想上不肯作丝毫的让步,在1906年公布的教育宗旨中依然标揭着"忠君""尊孔"的信条。辛亥革命后,蔡元培领导的民国教育部,坚决废除了清朝"忠君""尊孔"的教育宗旨,坚决废止了各级学校的读经、讲经课,大学停开了经学科,这就使新式教育从精神上与传统教育划清了界限。这一举措使康有为深感忧虑。他在一封电报中讲述了其当时的忧虑之情:"去岁夏际,亘古未有之奇变,俎豆废祀,弦诵绝声,大惊深忧,乃草创序例,寄门人麦孟华、陈焕章,令开会沪上。"①所谓令开会沪上,乃是康有为要求陈焕章等人立即在上海成立孔教会。在康有为心目中,民国教育部废除"尊孔""读经"的举措比辛亥革命的政体变革更为可怕,故而称之为"亘古未有之奇变",故而才有"大惊深忧"之情,故而下决心再次祭起孔子亡灵,以尊孔卫道。

陈焕章秉承康有为的旨意,于1912年10月在上海发起成立了孔教会。孔教会"以昌明孔教、救济社会为宗旨",决心借昌明孔教来"挽救人心,维持国运",并创办《孔教会杂志》作为宣传阵地。陈焕章在《孔教会序》中直言不讳地指出,当时"文庙鞠为武营,圣经摈于课本,教育部而倡废学校之祀孔,内务部而不承

---

①《康南海先生来电》,《孔教会杂志》第一卷,第十号,1913年11月。

孔教为宗教"，是"倒行逆施，自乱其国"①。其矛头所指，就是企图通过否定民国初期教育改革的成果，进而否定辛亥革命的成果，达到复辟的目的。这一宗旨得到了袁世凯政府的青睐。这一年的12月，孔教会上书袁世凯、教育部和内务部，北洋政府教育部在批示中称赞"该会阐明孔教，力挽狂澜，以忧时之念，为卫道之谋，苦心孤诣，殊堪嘉许"②。

一时，全国上下发出了一片尊孔读经、祀孔配天、定孔教为国教的喧嚣声。中外文化界的一些名流纷纷舞文弄墨，宣传孔教。各省各县乃至纽约、东京、南洋纷纷成立孔教会分会，共达130多个。一些省的都督也不甘寂寞，发出一份份"请定孔教为国教"的通电。1913年6月22日，袁世凯下令全国学校祀孔。他诅咒辛亥革命后"波邪充塞，浩守荡然，以不服从为平等，以无忌惮为自由"，由此，"欲遏横流，在循正规"③。1913年8月，孔教会向参、众两院呈递了《请定孔教为国教书》。同年9月，孔教会在山东曲阜召开全国大会。同年11月，孔教会推举康有为任总会长，张勋任名誉会长，陈焕章因此被袁世凯聘为总统顾问。

远在日本的康有为为此欣喜若狂。应陈焕章之请，他写了《孔教会序一》和《孔教会序二》两篇文章，对辛亥革命以来礼崩乐坏的状况表示了强烈的愤慨，对教育部"专以废孔教为职志者"更为反感。他明确指出，中国两千年以来奉孔教为正宗，"其所为经传，立于学宫，国民诵之以为率由，朝廷奉之以为宪法，省刑罚，薄税敛，废封建，罢世及，国人免奴而可仕宦，贵贱同罪而法平等，集会言论出版皆自由，及好释、道之说者，皆听其信教自由。凡法国革命所争之大者，吾中国皆以孔子之经说先得之二千年矣。"④康有为的历史常识竟堕落到如此地步，与他本人在维新运动时期的变制思想相比，竟成势若天渊的两个世界。另外，康有为还发表了《以孔教为国教配天议》等一系列尊孔文章，主张以孔子配上帝，以孔教为国教。他在文章中强调，顷自晚清以来，学官改法，至于共和，丁祭不祀，乃至天坛经年旷祭。"俟河之清，礼坏乐崩久矣"，"今欲救人心，美风俗，惟有

---

① 《孔教会杂志》第一卷，第一号，1913年2月。
② 《孔教会杂志》第一卷，第一号，1913年2月。
③ 《孔教会杂志》第一卷，第六号，1913年7月。
④ 康有为：《孔教会序一》，姜义华，张荣华编校：《康有为全集》第九集，北京：中国人民大学出版社，2007年版，第314页。

亟定国教而已；欲定国教，惟有尊孔而已"。①

1913年5月，北洋政府教育部致函康有为，希望他能为国歌写词，康有为毫不领情，反而借机写下了洋洋数千言的《复教育部书》。他说，今吾国生灵涂炭，国势抢攘，道揆凌夷，法守扫荡，教化榛芜，名为共和，实为共争共乱，根本在于自共和以来，百神废祀，乃至上帝不报本，孔子停丁祭，天坛鞠茂草，文庙付之榛荆，更有教育部令饬各地将孔庙学田充公，作小学经费，由此要求教育部"收回成命，不废丁祭，保存祀田"②，恢复尊孔读经。

康有为正是在这样一股尊孔浪潮中于1913年秋回到了祖国。极欲复辟帝制的袁世凯早就想借助康有为之力，因而连续发出三封电报请康有为赴京与之共同"论道匡时"。康有为拒绝了，他在政治上不愿与昔日的仇敌轻易地勾销历史的积怨，但在思想上他却对袁世凯寄托着一点厚望，那就是特别希望袁世凯能在全国推行"尊孔读经"。他在给袁世凯的回电中说："顷岁俎豆停废，弦诵断绝，人无尊信，手足无措，四维不张，国灭可忧。伏望明公亲拜文庙，或就祈年殿尊圣配天，令所在长吏，春秋朔望，拜谒礼圣，下有司议，令学校读经，必可厚风化，正人心，区区迂愚，窃用报礼，幸载察。"③袁世凯对此心领神会。1914年2月，袁世凯通令全国，从中央到地方一律举行祀孔典礼。袁世凯带头穿起祭服，举行了辛亥革命后第一次声势煊赫的祀孔典礼。

康有为回国后，俨然以孔教教主的身份自居，所到之处必要演讲，演讲则必要鼓吹尊孔读经。在浙江杭州庆兴大学，他希望教育界人士"当以保存国粹，读经守教为惟一之责任"④。在江苏镇江政学两界欢迎会上，他再次断言："治国之本，在于五经"，而"试问今之人，能知一经之大义乎？能以经意通之政治乎？则皆

---

① 康有为：《以孔教为国教配天议》，姜义华、张荣华编校：《康有为全集》第十集，北京：中国人民大学出版社，2007年版，第93页。
② 康有为：《复教育部书》，姜义华、张荣华编校：《康有为全集》第十集，北京：中国人民大学出版社，2007年版，第115—118页。
③ 康有为：《复总统电三》，姜义华、张荣华编校：《康有为全集》第十集，北京：中国人民大学出版社，2007年版，第153页。
④ 康有为：《在浙之演说》，姜义华、张荣华编校：《康有为全集》第十集，北京：中国人民大学出版社，2007年版，第304页。

教育近代化中的康有为

曰不能不能,此皆专恃教科书之累之也"。因此,教育欲造就人才,根本还是在于"读孔子所传之经,以求政教相通之理,则庶乎有造于中国也"。①

平心而论,康有为鼓吹孔教的文字是含有合理的思想成分的。在康有为的心目中,中国数千年发展的历史经验证明,要维护中国社会秩序的长期和谐和稳定,在相当程度上有赖于是否有一个政治的和思想的权威。它的意义不仅在于它是稳定政治秩序的保障,而且是社会公众心目中生活意义的象征。失去这一偶像或象征,社会的进步与发展便失去了规范。在新旧交替的近代中国,既然代表新生活方向的象征并未产生,那么就不如树立一个符合中国传统、适应中国国情的权威偶像。这就是康有为的思路。

康有为的这一思路反映了中国近代社会变革已经深入到精神层面,近代文化的变革是近代社会发展不可逾越的必然环节。所以,康有为认为,社会的进步并不是取决于"旦夕之际"的政体变动,而是有赖于"积久岁月,以渐乃成"的文化认同,有赖于社会公众之性情习俗对新秩序的相洽相宜。据此,康有为对以孔子为代表的传统文化予以尊重和继承的思路,对于处于转型时期社会的平稳过渡乃至促进新文化秩序的构建都是具有其合理之处的。

但是,康有为对孔教的张扬,又是与抵制共和体制互为表里的。他在宣扬孔教的后面,反复告诫人们,政治体制的变革应慎之又慎,否则后患无穷。他在《共和救国论》中直言不讳地宣称:"中国帝国制行已数千年,不可骤变;而大清得国最正,历朝德泽,沦洽人心。存帝制以统五族,弭乱息争,莫顺于此。"②为达到抵制共和的目的,康有为在理论宣传上极尽夸大偏颇之能事。为了美化孔教,他可以无视历史事实,将封建社会描绘成充满自由平等的太平盛世。为了神化孔教,他又可以任意打扮孔子,将孔子学说吹捧成推诸四海而皆准的不朽之论。为了借树孔子而抵制共和政体,康有为主观臆断的思维模式已经膨胀到极致。而文化的建树一旦沦落为政治的婢女,它就变成了伪文化。

---

①康有为:《镇江政学两界欢迎会演说》,汤志钧编:《康有为政论集》,北京:中华书局1981年版,第965-967页。
②康有为:《共和救国论》,转引自马洪林:《康有为大传》,沈阳:辽宁人民出版社,1988年版,第551页。

二、参与复辟遭唾弃

康有为为了表达他对共和体制的不满之情，创办了一份名为"不忍"的杂志，由上海广智书局出版发行。他开宗明义揭示他的办刊宗旨："睹生民之多艰，吾不能忍也；哀国土之沦丧，吾不能忍也；嗟纪纲之亡绝，吾不能忍也；视政治之窳败，吾不能忍也；伤教化之陵夷，吾不能忍也；睹政党之争乱，吾不能忍也；惧国命之分亡，吾不能忍也。愿言极之，恻恻沈详，余意也。"①《不忍》杂志内设图画、政议、教说、瀛谈、艺林等栏目，刊印的全是康有为的旧著和新作。杂志创刊于1913年2月，至11月出版了8期；1918年1月，续出了第9、10期合刊。

康有为以《不忍》杂志为阵地，借针砭时弊对民主共和制度大肆讨伐。他在《中国以何方救危论》中认定："中国危矣殆矣，病日臻，既弥留久矣。"②他在《蓄乱》一文中说："夫名为共和，而实则共争共乱；号为共和，而必至分争分裂；号为博爱，而惨杀日加酷烈；号为自由，而困苦日不聊生；号为平等，则大将、中将勋位金章，多如鲫焉。"③他在《无祷》中更是历数自共和体制以来，举国骚然，民不聊生，农工商贾失业，群盗满山，暴民满野，隳弃纪纲，扫绝礼教，上无道揆，下无法守，导致神怒民怨。④他在《问吾四万万国民得民权平等自由乎》中直接指责："且所谓共和民权平等自由者，实不过此数十万之暴民得之耳。"⑤他在《中国颠危误在全法欧美而尽弃国粹说》中认定，五千年文明之中国，危乎颠哉，若坠若崩，根本在于吾国数千年之政治教化风俗之美，吾圣哲无量之心肝精英，皆丧弃之⑥。

---

① 康同璧：《南海康先生年谱续编》，楼宇烈编：《康南海自编年谱（外二种）》，北京：中华书局，1992年版，第156页。

② 康有为：《中国以何方救危论》，姜义华，张荣华编校：《康有为全集》第十集，北京：中国人民大学出版社，2007年版，第30页。

③ 康有为：《蓄乱》，姜义华，张荣华编校：《康有为全集》第十集，北京：中国人民大学出版社，2007年版，第107页。

④ 康有为：《无祷》，姜义华，张荣华编校：《康有为全集》第十集，北京：中国人民大学出版社，2007年版，第111页。

⑤ 康有为：《问吾四万万国民得民权平等自由乎》，姜义华，张荣华编校：《康有为全集》第十集，北京：中国人民大学出版社，2007年版，第146页。

⑥ 康有为：《中国颠危误在全法欧美而尽弃国粹说》，姜义华，张荣华编校：《康有为全集》第十集，北京：中国人民大学出版社，2007年版，第129-143页。

教育近代化中的康有为

不可否认，在这些文字中，康有为对于当时社会上众多政客假共和而争权夺利，军阀借混乱而抢夺地盘，导致生灵涂炭，教化凌夷现象的揭露，都不乏中肯之处。但他的寻根究源，矛头所指是辛亥革命。因为辛亥革命所创建的共和体制导致了这种种乱象败局，助长了这种种社会腐败，于是根治的办法只有一条，在《中国还魂论》中，康有为直言不讳地宣称："今将欲救四万万之民，大拯中国，惟有举辛亥以来之新法令，尽火之而还其旧。"①

正因为这样，康有为决意要在中国推行复辟。在这一点上，康有为与袁世凯不谋而合，但康有为对袁世凯这个乱世之奸雄又绝对不信任。袁世凯当上中华民国大总统后，曾打电报要康有为回国参与政事，主持名教，康有为以"无心预闻政治"②而断然拒绝。康有为回国滞留香港期间，袁世凯又一再电催他入京参与政教，都被他一一回绝。并且，在康有为发表的文字中，其锋芒所向有不少就是针对袁世凯假共和假民主的。他常不避袁世凯的淫威，尖锐地抨击袁世凯假民主的伎俩和社会上争权夺利的种种丑行，斥责袁世凯"号为共和，而实共争共乱；号为自由，而实自死自亡；号为爱国，而实卖国灭国"③。很显然，康有为要实现他的政治抱负，所遇到的一个很现实的难题，那就是袁世凯在当政。

1915年，康有为58岁了。大半辈子矢志奋斗的理想，仍不见转机，康有为对此十分忧虑。这一年春节，他的学生麦孟华、潘之博专程来到上海，向康有为拜年祝寿。师生久别重逢，感慨万千，席间纵谈国事，更使康有为激情难已，他即席赋诗一首：

逝波年运往多经，淑气晴光春半醒。
风草茫茫无故物，山河莽莽又新亭！
衣冠避地几如扫，沧海惊涛不忍听。

---

① 康有为：《中国还魂论》，姜义华，张荣华编校：《康有为全集》第十集，北京：中国人民大学出版社，2007年版，第160页。
② 康有为：《复总统电一》，姜义华，张荣华编校：《康有为全集》第十集，北京：中国人民大学出版社，2007年版，第150页。
③ 康有为：《中华救国论》，姜义华，张荣华编校：《康有为全集》第九集，北京：中国人民大学出版社，2007年版，第312页。

第六章 五十八年忧国事,今年忧甚可沉冥

五十八年忧国事,今年忧甚可沉冥?①

康有为之忧,是因为他的虚君立宪理想尚未实现。康有为之忧,是看到袁世凯至今还在当政,并且居然还裹着一张"共和"的虎皮。

所以,当袁世凯积极策划复辟帝制之际,康有为便积极联络各方力量,促进了倒袁运动的开展。其女康同璧记述此事说:"十二月,袁世凯帝制将成,先君遣门人潘若海赴南京,劝江督冯国璋保持中立,并电蔡锷先收川蜀,然后出军以争武汉,电文中有以朝气方兴之义旅,对此时日曷丧之独夫,其必胜无俟言也。"② 1915年12月25日,蔡锷、唐继尧等通电全国,宣告云南独立,组织护国军,讨伐袁世凯。同月,孙中山也发表《讨袁宣言》,痛斥袁世凯的种种罪行。1916年3月15日,陆荣廷、梁启超等宣布广西独立,反对帝制赞成共和。康有为也公开致电袁世凯,斥责他专制骄横,出卖主权,搞得天怒人怨,众叛亲离,只有取消帝制,让权下野才是唯一出路。

有必要指出的是,康有为反对袁世凯复辟帝制,并不表示他已站在了拥护共和体制的立场,而只是反对袁世凯称帝,反对袁世凯实行专制主义的统治。在他的心目中,"夫以今日中国之岌岌也,苟有能救国而高强之,则为共和总统可也,用帝制亦可也。吾向以为共和、立宪、帝制,皆药方也。药方无美恶,以能愈病为良方;治体无美恶,以能强国为善治"③。也就是说,在康有为看来,共和、帝制,并无原则差异,复辟也并非就不是好事。康有为心中的唯一原则,就是袁世凯必须下台。

袁世凯在全国人民反复辟的浪潮中死去了,他所苦心经营的复辟也随着他的死去而寿终正寝。黎元洪继任中华民国大总统,这使康有为虚君立宪的梦想又

---

① 康有为:《乙卯元日与孺博、若海谈国事,兼寄乙老》,姜义华、张荣华编校:《康有为全集》第十二集,北京:中国人民大学出版社,2007年版,第323—324页。
② 康同璧:《南海康先生年谱续编》,楼宇烈编:《康南海自编年谱(外二种)》,北京:中华书局,1992年版,第171页。
③ 康同璧:《南海康先生年谱续编》,楼宇烈编:《康南海自编年谱(外二种)》,北京:中华书局,1992年版,第172页。

教育近代化中的康有为

萌发了一线希望。康有为对黎元洪抱有好感。早在武昌起义后,康有为在给徐勤的信中就提到,如果黎元洪当政便可实现立宪。所以,当接到黎元洪就职后给他的电报时,康有为便立即复电,希望黎元洪能奉行清朝旧章,并派徐勤赴京向黎元洪、段祺瑞面陈治国的三条意见。但是,黎元洪、段祺瑞对康有为的热心只是表示了一番客气的感谢。要使身居大总统的黎元洪让位以虚君,这只能是康有为的一厢情愿。

伤心失望之余,康有为看到要靠民国最高统治者来实现虚君共和的理想是根本不可能的,只有借助其他力量在政体上施行彻底的大手术,通过政变方式将清朝废帝重新推上皇帝的宝座,才可能真正实现虚君立宪。康有为在《复大隈侯爵书》中谈到了他的这一思想:

> 夫君主之立,以门第不以才望,以世袭不以选举,故尊如天神,不负责任,自不与政府争权,然后可以为宪法之治。贵国与欧洲诸小立宪国其成效也。吾国今欲取门第世袭,而不取才望选举,则非复辟,其将安之! 且夫民国虐乱已极,人思前朝,若其故家世族,遗老旧臣,感念旧君,思立故主,人之情也,故年来复辟之论,遍满人心,东报亦多载之。仆既受先帝之知,为救中国之故,因夫人心之顺,故决行复辟之举,以袁世凯之篡盗专政,故先倒之,然后可以收北军而用之复辟也。①

正因为此,康有为不久便和复辟的干将张勋密切联系起来了。1916年康有为在《致张勋书》中说:"总统共和之制,既五年三乱,后此乱尚无穷。扶旧君即以安中国,令之勿乱,此将军生平之志,亦即中国待命于将军者也。将军岂有意乎?"②张勋当然满心欢喜。1917年7月1日,张勋认为复辟时机已到,决定拥戴溥仪登基,导演了一场复辟清朝的闹剧。康有为因拥戴有功,被任命为弼德院副院长,并赏给头品顶戴。这不过是个顾问性质的虚衔,但康有为却颇为神气。他着手起草了《复辟登极诏》《开国民大会以议宪法诏》《召集国会诏》《免拜跪诏》《免避讳诏》《亲贵不许干政诏》等十几道诏书,雄心勃勃准备施展他在戊戌变法

---

① 康有为:《复大隈侯爵书》,姜义华,张荣华编校:《康有为全集》第十集,北京:中国人民大学出版社,2007年版,第421页。

② 康有为:《致张勋书》,姜义华,张荣华编校:《康有为全集》第十集,北京:中国人民大学出版社,2007年版,第301页。

中未能实现的抱负。不料兴尽悲来,张勋复辟只维持了12天,便在全国一片反对声中狼狈收场了。

康有为躲进了美国公使馆,作为复辟帝制犯而遭到了北京政府的通缉。他在这次事件中所扮演的极不光彩的角色,遭到举国上下的唾骂,连梁启超也站到了他的对立面。康有为这次真正伤心了。他在《复大偎侯爵书》中说:"仆于复辟实深主之,因兹获罪,再被名捕。不图去国廿年。还朝十日,遂再演戊戌之惨,呜乎天乎?窃自慨叹。"①这里,康有为将戊戌变法与张勋复辟并列而论,并且将失败之因归咎于天,这恐怕是他真正的可悲之处。康有为始终没有弄明白的其实只有一点,那就是时代的潮流,那就是民主共和的大势所趋。诚如鲁迅先生在《趋时与复古》中所说的:

> 广东举人多得很,为什么康有为独独那么有名呢?因为他是公车上书的头儿,戊戌变法的主角,趋时;……后来"时"也"趋"了过来,他们就成为活的纯正的先贤。但是,晦气也夹屁股跟到,康有为永定为复辟的祖师……原是拉车前进的好身手,腿肚大,臂膊也粗,这回还是请他拉,拉还是拉,然而是拉车屁股向后,这里只好用古文"呜呼哀哉,尚飨"了。②

三、"吾道何之离索遥"

参加张勋复辟失败后,康有为真正感到累了。

1918年,他把历年来所写的反对民主共和和鼓吹尊孔读经的文章汇集成书,名之曰《不幸而言中不听则国亡》。他列举了一系列事情,以论证自己不幸而言中,国人不听而国亡。例如,康有为认为,张勋复辟,误于左右,不听吾言,遂自致败。例如,当年他反对梁启超等人倡言革命,但梁启超等不听,遂致中国大乱,涂炭生灵。例如,辛亥革命后他写了《共和政体论》《救亡论》等文以警告国人,但国人如饮狂泉,不听我言,袁世凯因而篡位。例如,他创办《不忍》杂志,撰文警醒国人,但国人不听,甚至反唇相讥,以致危乱内争,国将亡也。康有为自负地认

---

① 康有为:《复大隈侯爵书》,姜义华、张荣华编校:《康有为全集》第十集,北京:中国人民大学出版社,2007年版,第422页。

② 鲁迅:《趋时与复古》,《花边文学》,北京:人民文学出版社,1973年版,第97页。

教育近代化中的康有为

定:"鄙人耿耿,独醒未醉,独明未瞀。欲与吾四万万同胞为导为相,未知吾同胞听之否耶?"因为"四十年来,吾所言未尝不中,而不通吾言者未尝不败也"[①]。康有为的固执和自信已到了无以复加的地步。这种自负与主观,使他与飞速发展的时代潮流真正地隔绝了。

1918年,康有为辞去了孔教会会长的职务。既然回天乏术,康有为决意息影林泉了。他开始热衷于"闭门高卧谢尘世,聊写丹青作卧游"的生活。为此,他在寓所里挂上了"只谈风月,莫谈国事"的条幅,并为自己取号"天游化人"。他希望自己能如《列子·周穆王》所描绘的"化人"那样,腾云驾雾,上天入地,出神入化,他幻想着自己也能沉浸于"纵浪大化中,不忧亦不喜;江海几浩荡,天人自游戏"的境界之中。

然而,康有为的"天游化人"主要沉溺在物质享受的追求上。晚年的康有为热衷于修建住宅和别墅,沉醉于湖光山色、花木修竹之中,聊作一种政治失意的寄托。

康有为回国后,全家一直定居在上海,租赁住在当年盛宣怀家的一座大观园式的住宅内。1920年,他在杭州丁家山买下一片荒野,依山傍湖建成一座占地30亩的"一天园"。"一天园"三面傍山,一面临湖,园内亭台楼阁,花草茂密。康有为常常流连于朝晖夕霭之中,陶醉于湖光山色之境,常有"栩栩若乘飞船入之中"之感。他套用晋代潘岳《闲居赋》中"拙者之为政"的典故,自题一副对联书之于庄园大门,其联曰:

割据湖山少许,操草木鸟兽之权,是亦为政;
游戏世界无量,极水石烟云之胜,聊乐我魂。

其中隐隐透出的孤独感和失落感,正反映了康有为对失意的不甘和对落魄的自嘲。

1921年,康有为在上海愚园路买下一块地皮,建造了一座占地10亩的康公

[①] 康有为:《不幸而言中不听则国亡序》,汤志钧编:《康有为政论集》,北京:中华书局,1981年版,第1017页。

馆。康有为名其为"游存庐",院中建有池塘假山、茅亭小桥。院内花树浓郁,芳草鲜美,还养了两只孔雀,一只麋鹿,一只猴子,一头驴子,还真有点田园的味道。

1923年,康有为再次游历青岛,十分欣赏青岛海天一色的景致和盛暑不热的气候,于是决定在海边租下一座官家房舍。1924年他索性花钱将其买下,并取名为"天游园"。"天游园"坐落在海边,园内林木花卉宜人,康有为每年春夏,便携带家小来此避暑。

康有为精心营造住宅,使他的家庭生活更豪华、恬静、舒适。为了精心料理生活,康有为仅在上海的居所就雇佣了丫头5人,老妈子5人,男雇员30多人。

1919年,康有为娶进了第六房太太。

那是在1918年春夏,康有为游历杭州西湖,目光却被湖边一位正在浣纱的少女吸引。虽然她穿着土布衣衫,却掩饰不住她的淑俏容貌和动人风姿。康有为正欲在杭州建立一个家庭,便急忙托人说媒。这位浣纱少女名张光,芳龄20岁,正待字闺中。其父早故,其母是湖上船娘,刚听说此事,其母婉言谢绝。后来,康有为请人多方说合,张光的母亲才勉强应允了这门亲事。1919年康有为与张光在上海举行婚礼。他的妻妾儿女均不赞成这门亲事,以集体不参加婚礼相抵制,但这并不能阻止康有为的一意孤行。62岁的康有为对这位小妾备加疼爱,经常相携漫游西湖,后在西湖边营造"一天园",两人更是常住园中。以后又游历了上海、青岛。张光没有上过学,康有为特意请了一位家庭教师教她读书写字,并亲笔写给她一副对联:

惩忿窒欲改过迁善;
仁民爱物知命乐天。

从这副对联看,丝毫不见夫妻相爱的情意,而是一副十足道学家的训人面孔。其"惩忿""窒欲""知命",只是对夫人们的要求,而拥有一妻五妾的康有为是不在此制约之列的。康有为内心深处的封建夫权思想于此可见。

教育近代化中的康有为

晚年的康有为的另一大乐事便是游历名胜。"五岳寻山不辞远,一生好入名山游",这话确实不假。青年时代,他往返于京广,一路游历名山大川,激发了他对祖国山河无限热爱的情感。而斗转星移,一晃三十几年过去,晚年的康有为依然钟情于祖国的名胜山水。他不顾年迈体衰,只要有闲暇,便来往于风景胜地,兴致依旧。1918年他第二次登上庐山,并经常往返于杭州、上海。1919年和1920年,经常在江苏、浙江一带游历。1922年他再谒孔庙,二上泰山。1923年3月,先是游浙江的海门、定海、普陀,再去洛阳参加军阀吴佩孚50寿辰,旋游开封、保定、南京。5月赴济南,登千佛山。6月赴青岛,游崂山,再游北戴河。10月登华山,游临潼。11月到西安,12月访关中地区。1924年1月,由西安东返洛阳,旋游嵩山,再经武昌返上海。4月游天台山、雁荡山。1925年游青岛,赴杭州。1926年第三次登上庐山。9月重游北京,去菜市口凭吊"戊戌六君子"。

但这时的漫游山河,康有为已不能与年轻时同日而语了。当年每每登高眺望锦绣如画的祖国河山,都使康有为激情难已,油然而生一股历史使命感。然而物换星移,岁月无居,三十几年过去,康有为重新登高览胜,则早已没有了当年的意气风发,而更多的只有沧桑之感。1918年,康有为第二次登上庐山,在海会寺看到自己1889年第一次登庐山所写的《庐山谣》,万般感慨,不禁发出了"追思三十年前事,旧墨笼纱只自哀"[①]的空叹。1922年,他重登泰山,只是每日于清风林下,不修边幅,放浪形骸,醉心于泰山朝朝暮暮的景色变化,全然没有了当年气壮山河的笔触。在其他名胜游览,康有为也时有诗文雅致。但其诗文笔锋,只是淡淡的写景。尽管其间不乏状物写景的佳作,然仅此而已!

然而,晚年的康有为尽管陶醉于这种"天人自游戏"的舒适生活中,却并没达到他所期望的物我两忘的境界。特别是对于因固守旧见而终不得志的康有为来说,要忘却现实,超然物外,实际是不可能的。

康有为放不下的主要是国内的政治局势。他对长年的军阀混战、南北内讧所造成的川湘粤陕蹂躏已尽,鄂豫闽赣牵连受灾的状况深恶痛绝,1918年8月,他对大总统、国务院、各省督军省长发出通电,痛斥他们"杀同胞岂足以为事业,亡

[①] 康有为:《夜宿海会寺》,姜义华、张荣华编校:《康有为全集》第十二集,北京:中国人民大学出版社,2007年版,第396页。

祖国岂足以为功名"①,呼吁南北停战。12月,巴黎和会召开,康有为又借题向军阀徐世昌发出《促南北速议和以应欧洲和局电》。对外国列强意欲干涉中国内政,分割中国主权,对北洋军阀政府委曲求全的行径,康有为发文发电予以痛斥。1919年五四运动爆发,康有为于5月6日即发出《请诛国贼救学生电》,鲜明指出:"学生此举,真可谓代表四万万之民意,代伸四万万之民权,以讨国贼者。"并敦促政府"宜亟释放被捕学生而诛卖国贼"②。

康有为忘怀不下的再就是复辟梦想。虽然张勋复辟的失败给他以沉重打击,但他的复辟梦想终身都未泯灭。1921年,溥仪21岁生日。康有为为之赋诗称颂,明白表示"孤臣北望兼啼笑,抱疾沧江心未灰"。1922年,溥仪与婉容结婚,康有为派人专程送去贺礼贺金,并在杭州一天园"望阙行礼"。1924年,康有为又开始积极筹划第二次复辟,不料冯玉祥的部队进京把溥仪赶出清宫,康有为发电报给北京政府提出抗议。1925年,康有为特地从上海到天津"觐见"溥仪,随后又通电要求恢复皇室优待条件。这以后又将希望寄托在吴佩孚等军阀身上,甚至致电吴佩孚等人拥戴溥仪复辟。

人们看到,"复辟失败,康有为还是不肯甘心,到处拉拢军阀政客,企图乘机再举。直系大军阀吴佩孚五十寿辰,康有为特去洛阳祝贺,送给'吴大帅'一副寿联,文为'牧野鹰扬,百岁功名才半世;洛阳虎踞,八方风雨会中州'。对吴佩孚极尽吹捧之能事。但吴佩孚无意于步张勋之后尘,对康有为始终采取不即不离的态度。"③

康有为终于是过时了。

康有为的落伍不仅为时代所不容,就是他的学生也有不少人不赞成他的守旧主张。内务部决定废除以拜跪礼祀孔,教育部禁止小学读经,做出这些决定的孙洪伊、范源濂等都可以算作他的孙辈学生,公开批判康有为参与张勋复辟的电文则是出自他的学生梁启超之手,就是后来拜其为师的刘海粟也当面批评康有

---

① 康有为:《通电》,汤志钧编:《康有为政论集》,北京:中华书局,1981年版,第1058页。
② 康有为:《请诛国贼救学生电》,姜义华、张荣华编校:《康有为全集》第十一集,北京:中国人民大学出版社,2007年版,第105-106页。
③ 周君适:《康有为卜居丁家山》,夏晓虹编:《追忆康有为》,北京:中国广播电视出版社,1997年版,第439页。

教育近代化中的康有为

为对孙中山的诽谤。信守师道尊严的康有为对此总是暴跳如雷,同时,他心中的悲凉也在其间一点一点地累积。

1926年的8月底,康有为重游青岛崂山太清宫,并勒石立碑写下七绝一首。在诗后的题记中,康有为简述了两次游历崂山太清宫的情景。三年前康有为首次游历太清宫时,有门人朋友10人相陪,而三年后相陪者只有2人。康有为悲叹道:"曾几何时,旧侣皆散,团沙易感,山海依然。摩抚耐冬白果紫薇,拓影留题。后数年来游,未知同游者几何人能再来也。书此俯仰人天,抚然矣!"①寥寥数笔,蕴含着人生悲凉的万千感慨。

同年秋季,康有为重游北京。踏上这座令他刻骨铭心的古都,康有为怎么也兴奋不起来。在门生张伯桢和二女儿康同璧等人的陪同下,他到菜市口凭吊了为戊戌维新流血的弟弟康广仁和谭嗣同等烈士。又来到南海会馆,二十几年前的情景如电影般又再现于这位苍颜白发的老者的脑海。当年叱咤风云的维新领袖,以太多的悲凉与遗憾来重游旧地,心境不胜凄凉悲怆。在北京的门生们为了安慰老师,连日举行宴会,但觥筹交错的闹景并不能缓解康有为的郁郁不乐。他心中的历史包袱太沉重了。为应和门生张伯桢的即席赋诗,康有为写下了七律一首:

草堂万木久萧萧,吾道何之离索遥。
旧学新知穷兀兀,乐天知命故嚣嚣。
银河雾散星辰夜,绿酒人怀今古潮。
华月明明光可掇,超观各自上丹霄。②

回到上海,康有为给张伯桢修书一封,其中有"成住聚散,人无之常,无可为言"③等语,其凄凉之情久久挥之不去。年近古稀的人生感悟固多沧桑,但康有为的内心深处却是对时代的失望,故而只能发出"草堂万木久萧萧,吾道何之离索遥"的悲叹了。

---

① 马洪林:《康有为大传》,沈阳:辽宁人民出版社,1988年版,第632页。
② 康有为:《子干赋诗,赋答示诸子》,姜义华,张荣华编校:《康有为全集》第十二集,北京:中国人民大学出版社,2007年版,第379页。
③ 康同璧:《南海康先生年谱续编》,楼宇烈编:《康南海自编年谱(外二种)》,北京:中华书局,1992年版,第232页。

第七章

知周乎万物,仁育乎群生

一、内保国粹行孔道

尽管在政治上有诸多的失意,但康有为头上那顶"名教巨子""教育泰斗"的光环在社会上还是颇有魅力的。

1916年7月,康有为游历杭州。当地陆军同胞社热情邀请康有为莅会演说,400余名军官慕名前来,一来想瞻其风采,二来想聆其言论。杭州教育界也专门邀请他作了一场演讲。

同年10月,康有为游历南京。"宁垣学界以南海先生为教育界泰斗,咸欲一盼教言,以宏造就",于是在南京高等师范设立会场,到会者达五六千之众。康有为到场,学生奏乐鼓琴,致欢迎之意。

接着去镇江,江苏省立第六中学与镇江县知事署联合布置会场于中学欢迎康有为,与会者达两千余人。

1923年11月,康有为游历陕西,陕西军政官员几乎全部出动参加欢迎大会。康有为到场时,军政法警各局官员临门迎候,军警举枪,军乐齐奏。陕西学界也专门组织了欢迎大会,康有为到会时也是卫队肃立,兵乐欢迎。以后又有西安青年会、孔教会、万国道德会、女子师范、报界、佛教会等分别邀请康有为讲演。

康有为对这样的场面还是颇为得意的,但康有为并不想只是以一个教育家的身份活跃于中国社会的舞台。维新运动期间,他创办万木草堂,力倡教育改革都只是因政治改革的需要,而一旦投身于政治活动,他对教育改革的热情便一褪再褪了。加之康有为对辛亥革命后教育改革的现状有诸多的反感,故而在各种场合对教育问题谈得极少。只是于邀请者的盛情之下,康有为才很客气很简要地谈了一些关于教育的看法。

康有为在这一时期的教育主张并无很多的新意。当时的教育界在新文化运动的推动下,已兴起了声势浩大的教育改革热潮。平民主义教育思潮、工读主义教育思潮、职业主义教育思潮、实用主义教育思潮,等等,在教育战线风起云涌。珍重个人价值,追求个性解放,培养健全人格,这些理念主导着教育改革的价值取向。各级各类学校的教学改革突出了人在教育中的主体地位的思考和探索,构建中国现代教育精神成为当时教育改革的主流。但康有为与这股潮流显然是脱节了,他在有限的教育演讲中,只是将流亡国外形成的观点结合辛亥革命以来国内局势的需要进行了归纳。他在《陕西第二次讲演》中阐述了这一观点,他说:

> 吾国长于形上之学,而缺形下之学,科学不讲,物质不修,故至贫弱,不能富强。今应采欧、美之物质,讲求科学,以补吾国之短。若夫道德教化,乃吾所固有,宜力保之,万不可自弃之。愿诸君无惑于异说,毋入于歧途,外求欧美之科学,内保国粹之孔教,力行孔子之道,修身立志以为天下国家之用,鄙人不胜厚望焉。①

康有为的这个观点实质就是 12 个字,即外求科学,内保国粹,力行孔道。显然,这个观点并不是很新鲜,它依然停留于洋务运动就已流行的"中体西用"的水平。况且,这一观点早已为国人所认同,民国初年的教育改革早已在这一基础上大大前进了一步,中国教育的近代化早已深入到制度改革乃至教育观念改革的层面上。作为当年维新运动的领袖,作为长年在欧美资本主义国家考察过的康有为,其教育理念并没能随着时代更进一步,反而因看不惯民国初期的教育改革而有所倒退。

重视科学教育与康有为标榜"物质救国论"的观点是一致的,因而对于发展农工商教育,康有为是十分赞同的。他在南京的演说中说:

---

① 康有为:《陕西第二次讲演》,姜义华,张荣华编校:《康有为全集》第十一集,北京:中国人民大学出版社,2007 年版,第 278 页。

教育近代化中的康有为

> 犹忆去国之时,学校规模虽形未备,今则农业工商以及女子学校均有,此大多数之莘莘学子,将来造福于国,国家前途,实无可限量。然欧、美各国致富之由,咸以农工商为最要,故农工商三项,即为国民托命之源,与孔子之道同一贯彻,不可须臾离也。①

为了更好地发展农工商教育,康有为希望能通过强迫教育而在全国普及。他很欣赏美国自小学教育便开设职业教育的做法,并把义务教育延长至中学阶段,这样由童而习之,必宜乎长而专家也,为此康有为建议:

> 今欲劝学,但令本道府州县多开物质学校,各县乡市镇,皆行强迫教育,行之数年。物质之学渐明,童蒙皆有常识,以我国民之多,资而为用,然后百物可兴也。②

在这一基础上,康有为对在校学生们的学习提出了五点希望:一曰博学,凡古今万国之学问,凡山川草木鸟兽百产,凡日月星辰皆应识而通之;二曰行仁,树立仁爱他人敷助他人的情怀;三曰专门,各人各因其性之所近,专学一门,以之成学为乐,以之立身成名,以之养家益国;四曰常识,凡今学人,虽不能博学,而必当有常识;五曰乐学,以己之学业为乐,不厌不倦,学而时习。③康有为的这些要求固然都不错,但较之当年在万木草堂对学生们的希望,则少了一份激情和灵气。

为什么会如此?因为康有为关注的重点只是在社会政治上。他对近代中国社会发展的看法,是"回思十九年中,看吾中国一年低一年,好如夕阳下山"④。因对社会政治的不满,导致了他对民国的教育改革也是横竖看不惯,对其总评价是"方不对症"。他说:

---

① 康有为:《在宁垣学界演说》,汤志钧编:《康有为政论集》,北京:中华书局,1981年版,第963页。

② 康有为:《乱后罪言》,姜义华,张荣华编校:《康有为全集》第十集,北京:中国人民大学出版社,2007年版,第156页。

③ 康有为:《陕西第二次讲演》,姜义华,张荣华编校:《康有为全集》第十一集,北京:中国人民大学出版社,2007年版,第278—279页。

④ 康有为:《杭垣演说记》,姜义华,张荣华编校:《康有为全集》第十集,北京:中国人民大学出版社,2007年版,第303页。

第七章 知周乎万物,仁育乎群生

> 大抵教育事业,贵在因时致用,譬诸医生治病,必先识病情,而后可以开方。今日学校所用之教科书,与中国古来文化,及与国民现时生活,都属方不对症。美国教育,寓生活教育于学校教育之中,故人无贫富,各得其用,德国分而为二,贫者致力于生活教育,富者则因其才能而教育之。吾中国今日之教育,俱未足以语此,此则从事教育者,所当格外研究者也。①

这是对教科书的批评。同时,他对教育目的也提出了自己的看法:

> 人之求学也,小则为谋生,大则为治国。为谋生计,必学成而后可农可工可商;为治国计,尤必学成而后可君可师可长。试问今日中国学校,亦曾于此二者加之意乎? 吾恐于谋生且无效,治国奚论焉。②

康有为的这些观点还是具有合理之处的。康有为主张把科学教育与国民的现实生活结合起来,使人人学后能各得其用,才能真正发展科学教育;主张把教育目的分为两个层次,以求教育的普及,这些观点是颇有价值的。但康有为的批评重点并不在此,他的"方不对症"所指,在《在浙之演说》中讲得很明白:

> 回国之后,考查所得,中学已日就荼蔽,西学则仍多故步,数年之后,读书者日益少,则离经叛道者日益多。欲祛其弊,惟有昌明经训,使之敦品励行,以维持于不敝而已。③

看来康有为对民国教育改革看不惯的根本点是教育部废除了尊孔读经。他气愤地说:"中国之人心风俗礼义法度,皆以孔教为本,若不敬孔教而灭弃之,则人心无所附,风俗败坏,礼化缺裂,法守扫地……今乃至绝百神,废天坛,停丁祭,收文庙之祭田,甚者乃毁孔庙,禁读经……呜呼! 不敬莫大于是。"④他认为,中国之弱在物质、在科学,中国之强在道德、在孔教。本来应补短扬长,方可强国,

---

① 康有为:《在浙之演说》,姜义华、张荣华编校:《康有为全集》第十集,北京:中国人民大学出版社,2007年版,第304页。
② 康有为:《镇江政学两界欢迎会演说》,汤志钧编:《康有为政论集》,北京:中华书局,1981年版,第965页。
③ 康有为:《在浙之演说》,姜义华、张荣华编校:《康有为全集》第十集,北京:中国人民大学出版社,2007年版,第304页。
④ 康有为:《乱后罪言》,姜义华、张荣华编校:《康有为全集》第十集,北京:中国人民大学出版社,2007年版,第156页。

教育近代化中的康有为

但民初的教育改革却反其道而行之,废孔经,罢尊圣,造成西学一无所得,离经叛道者反而日增,从而加剧了亡国之危险。他在《乱后罪言》中对此讲得更具体:

> 今吾国未尝不模欧美、效日本,改一切之学制矣,而不少收其利,反见其害者,何哉?盖不知师欧美之所长,又不善补中国之所长,故未得其国能,先失其故步也。夫我之所长者在道德,则今学校废孔经,罢尊圣,而读讲义课本,吾之旧教既废,无以入新学者之脑,无以维持其身心,激励其意志矣,而求之欧美之新学,则一无所得,问以中国之旧学,则束阁不观,其不学过于八股之时,而德教则扫地矣。欧美之长切于时用者,莫如物质,遍于国民、普增知识者,莫如强迫教育,而中国日言兴学,皆未及二者也,此所以见其弊而不见其利也。①

康有为这里所触及的一个问题,就是旧教与新学、中学与西学的碰撞与冲突问题,这是中国教育近代化不可回避的一个问题。它对于构建中国现代教育精神至关重要,当时的教育界兴起的"新教育中国化"的探索,就是对这一问题的反应。康有为对此自有他的解决办法,就是将中西两种文化的体用关系割裂开来,然后各取一端予以拼凑,这依然还是"中学为体,西学为用"的思路,康有为将它视为治理教育的唯一处方。

他对教育界人士的忠告是:"此后诸君,当以保存国粹、读经守教为唯一之责任,中国幸甚。"②为什么要致力保存国粹?康有为认为,因为孔教不独为中国之根,也为世界之宗主。中西一切衣食住行之制度,皆出于孔教,甚至欧洲人穿燕尾服,著黑色衣,筑椭圆形高大宅室,康有为都说成是"孔子之制也"。故而中国人切不可惑于异说,入于歧途,一定要力行孔子之道。他在江苏教育界的演说中强调:"此孔子之道,所以不能废,如废则为无教之国,国将不国矣。"③

为什么要读经遵教?康有为认为,因为经书乃治国之本、修身之要,所以读经

---

① 康有为:《乱后罪言》,姜义华,张荣华编校:《康有为全集》第十集,北京:中国人民大学出版社,2007年版,第156页。
② 康有为:《在浙之演说》,姜义华,张荣华编校:《康有为全集》第十集,北京:中国人民大学出版社,2007年版,第304页。
③ 康有为:《镇江政学两界欢迎会演说》,汤志钧编:《康有为政论集》,北京:中华书局,1981年版,第966页。

必须从小学抓起。基础不牢,则后患无穷。他在浙江的演讲中强调:"孔教之精华在经,故小学读经,尤为当务之急。"①他对当时的教科书是颇有微词的。他认为,靠那种东拼西凑而组合成的教科书,要使人们对中国政教之道融会贯通是根本不可能的。他以现身说法来说明读经对一个人的成长是至关重要的,他说:

> 鄙人向者尝有志于西学矣,阅书难,购书亦难,不读我国书,何书可读?忆自十三四岁时,所阅者《三国志》耳,《大清会典》耳,所同事者,八股文与诗帖诗耳,其后卒能通阅中国数千年之书,而悟政教相通之理,则夫专恃教科书而求其通,吾知其难矣。故鄙意愿诸君留意于读经,经者治国之要,而亦立身之本。②

康有为认为,现在学校流行的所谓教科书,将这样的教育效果完全丧失了。"若废科举而用学校,则学者自听讲义,读课本之外,束书不观,乃至中国相传之名物,日用之书亦不之识,其愚闭乔塞,殆甚于八股之时。而八股之士尚日诵先圣之语,得以淑身而善俗。今学校之士,则并圣经而不读,于是中国数千年之教化扫地。"③

要扭转这种现象,除了学校教育要遵循尊孔读经的宗旨外,康有为认为在社会大环境中营造尊孔崇经的氛围是相当重要的。为此,他设计了一套社会教育的体系来促成这种大气候。他力倡立孔教为国教,各级政府应带头推行国教。从中央来说,应在北京天坛设立明堂,以孔子配上帝,每年的冬至日由总统率领百官于此祭坛行礼。在地方乡邑则各立庙祀天,以孔子配之。各级学校则因文庙之旧,亦以孔子配上帝。这样在每年的来复日,全国民无男女,皆须参加释莱礼。而且强调,入庙而礼天圣者,必行跪拜礼,听宣讲遗经④。与之配套,全国应由上而下设立讲师制,以宣讲孔教大义。康有为设想,在乡设讲师,县设教谕,府设宗师,

---

① 康有为:《在浙之演说》,姜义华、张荣华编校:《康有为全集》第十集,北京:中国人民大学出版社,2007 年版,第 304 页。
② 康有为:《镇江政学两界欢迎会演说》,汤志钧编:《康有为政论集》,北京:中华书局,1981 年版,第 966 页。
③ 康有为:《中国还魂论》,姜义华、张荣华编校:《康有为全集》第十集,北京:中国人民大学出版社,2007 年版,第 159 页。
④ 康有为:《以孔教为国教配天议》,姜义华、张荣华编校:《康有为全集》第十集,北京:中国人民大学出版社,2007 年版,第 95 页。

省设大宗师,国设教务院总长①。只要形成这种政教相通的社会教育体制,便可为保存国粹、力行孔道提供有力的保证。

论及此,康有为竟深情地怀念起科举时代来了。他认为在科举考试制度下,虽然选才极难,几乎是百里挑一,使大多数考生耗精力于渺茫,但它却引发了另一个重要的社会效应,即引导全国上自翰林,下至举人、秀才、童生等,数百万人皆以读书谈道为尚,造成了盛世则文学昌明,衰世则郡邑郊野中执经而碾、拥书而讽者相望的效果。在这样的氛围下,长老绅士以道德节行化其乡人,平民望风亦知所影从而感化。康有为感叹地说:"乃今知昔者科举之以无用为用也。"②

二、宣传科学为神教

晚年的康有为给人的另一个印象就是热衷于宣传科学。

1913年康有为写了一篇文章,名曰《中国颠危误在全法欧美而尽弃国粹说》,其侧重点是讲应如何发扬国粹,不可盲从欧美,但其中对欧美以科学富国的事实却予以了肯定。在以后的许多文章和演讲中,康有为都一再强调了欧美诸国之强之富全赖于它的科学和它的物质,并反复告诉人们,他早已写有《物质救国论》一书,那里面把讲求科学以增强物质国力的道理已讲得十分详尽了,希望人们能找出来读一读。

1923年,康有为应陕西督军兼省长刘镇华邀请到陕西游历。他来到这个传统文化深厚的地区所作的第一个演说,不是宣传孔教,而是大谈科学。面对数千陕西的军政要员,康有为从天文讲到电学,极其繁琐虚玄,以证明科学的重要。并说在华盛顿博物院陈列着十九万五千余件发明的新器,他感慨地说:"故各国比较,有十九万五千新器者强,无十九万五千新器者弱;有十九万五千新器者

---

① 康有为:《中华救国论》,姜义华,张荣华编校:《康有为全集》第九集,北京:中国人民大学出版社,2007年版,第327页。
② 康有为:《共和平议》,姜义华,张荣华编校:《康有为全集》第十一集,北京:中国人民大学出版社,2007年版,第36页。

富,无十九万五千新器者贫;有十九万五千新器者存,无十九万五千新器者亡;有十九万五千新器者为文明,无十九万五千新器者为野蛮。吾望陕西官士工商,人人发愤,讲求物质,使新器日出,如铁路机器等应有尽有,则陕西富矣兴矣,中国也从而兴矣。"①

于是在人们的印象中,晚年康有为的这一形象还是光彩照人的。不容否认,康有为确实是从内心深处希望中国也能成为科学的大国、物质的富国,他为此也尽了自己的努力来为这一潮流推波助澜。但同样不可否认的是,康有为在宣传科学知识时却贩卖了许多伪科学乃至迷信的东西。这使得我们对康有为宣传科学的目的不能不有所置疑了。

康有为讲天文,讲地球由太阳而生,月亮由地球而生,并且危言耸听地说,月者地之所生,故地球古有两月,吾以古月今月名之。古月之体,为吾地所吸,今为南美洲之巴西、阿根廷等国。今幸存一月,清光照人,得度长夜。

康有为讲电学,向人们宣传他发明的电通之理,他将其归纳为"有形之电为电,无形之电为神,吾地载电气而流形生物"。他举例说,古书中所载,曾子之母咬指头,则曾子心痛,而归视母;阮孝绪的母亲犯病,其兄欲写信通知阮孝绪,其母阻止说,吾病,孝绪将自归,不久果如其言;尹敏之母思子,尹敏亦心病而归。言之凿凿,神乎其神。康有为强调,这些心灵感应之事其实都是无线电所为,而能否电通的关键在于人们有无"至诚"之心,所以古人讲究"至诚"之道。

更有甚者,康有为宣传电通之理,竟大讲起电通能通于善恶,通于因果报应,通于六道轮回。他举了很多这方面的例子。比如房绾是永禅法师的后身,苏东坡是戒和尚的后身,秦始皇、武则天之流,残民无道而身享富贵,是因为前世多做善事之故。古时如此,近世也如此。康有为说他的家乡南海县吉利村,有一个关姓男子,二十余岁。一日行至罗行村时,遇一九岁童子,忽呼关某名,而问曰:"汝母好否?汝姊好否?生意出租收入好否?"并取十金付之,使归奉母,岁岁如是。童子十六岁时父母死,童子主家政。关某再往见,童子要求到吉利村去探视关

---

① 康有为:《陕西第一次讲演》,姜义华,张荣华编校:《康有为全集》第十一集,北京:中国人民大学出版社,2007年版,第275页。

教育近代化中的康有为

母,并付之三千元。原来这位童子的前生就是关某的父亲。康有为言之凿凿地说,此等轮回之事,人世甚多,不能遍引。

如此虚玄之科学,那自然是人人都敬畏的。既然敬畏,那自然该行补助之法。康有为告诉人们,这个补助之法就是要加强对科学的信仰和学习。康有为以现身说法来告诫人们:"吾生平多在患难中,然游于天,故以不忧不惧为事。望诸君顾諟天命,留心电通,为一己计,以仁为主,自制其命,永受多福。为国家计,从物质起,从理财起,吾有《物质救国论》《理财救国论》早行于世,诸君阅之,当知其故矣。"①

科学在康有为手上就成了这等模样!联想到上文所述,康有为为立孔教为国教竟不顾事实而任意编造历史,他这么做究竟要达到什么目的?

晚年的康有为喜爱讲天文,讲广大无极的宇宙,讲地球乃宇宙中之一星球,目的是为了论证地上人亦就是天上人。他告诉人们:"惟吾人为天上人,而蔽于一家人,溺于一国人,即遍游地球者,知为地球人,亦不自知为星辰中人。为天上人,自隘其境。不知享受天上人之乐,为可惜也。"②

晚年的康有为喜爱讲电学,他强调电人人有之,在人自修与否。修电之点而为电团,务令聚而不散,则长明不昧,长存不散。他告诉人们,佛讲修炼,所以能收电、存电、通电。他告诉人们,老子讲的"恍兮惚兮,中有物象,绵绵若存,用之不尽"就是指电。他告诉人们,《中庸》的"予怀明德"、《易》的"斋戒以神明其德"就是指电,《大学》讲的大学之道"在明明德"就是收电。他告诉人们,电有阴阳正负之相吸,也就是仁之二人之相爱。所以,孔子所谓"道二,仁与不仁而已",就是指仁则电能通,不仁则电不通。③

晚年的康有为喜爱讲大同。他告诉人们,大同之说源于孔子,而大同之义不

---

① 康有为:《陕西第一次讲演》,姜义华,张荣华编校:《康有为全集》第十一集,北京:中国人民大学出版社,2007年版,第275页。

② 康有为:《陕西第一次讲演》,姜义华,张荣华编校:《康有为全集》第十一集,北京:中国人民大学出版社,2007年版,第272页。

③ 康有为:《陕西第一次讲演》,姜义华,张荣华编校:《康有为全集》第十一集,北京:中国人民大学出版社,2007年版,第274–275页。

第七章 知周乎万物,仁育乎群生

著于群经,惟著于《春秋》。他告诉人们,《春秋》之微言大义不见于经传,惟见于董仲舒、何休之口传。他告诉人们,他所撰写的《新学伪经考》《孔子改制考》《春秋笔削微言大义考》等书阐发了这一真髓。读了这些书,"庶几孔教可兴,大同之治可睹"[①]。

不难看出,在宣传科学的背后,康有为意欲要创造一种救世的理论。他告诉人们,现代社会急需要一种新的救世药方,他说:

> 且爱恶相攻而吉凶生,情伪相感而利害生,惟天生人有欲,不能无求,求之不给,不能不争,争则不能无乱。一战之惨,死人百万,生存竞争,弱肉强食,故诸教主哀而拯救之,矫托上天神道设教,怵以末日地狱,引以极乐天国,导以六道轮回,诱以净土天堂,皆以抚慰众生之心,振拔群萌之魂,显密并用,权实双行,皆所以去烦恼,除去苦患,以至极乐而已。然裹饭以待饿,夫施药以救病者,终未得当焉。以诸教主未知吾地为天上之星,吾人为天上之人,则所发之药,未必对症也。[②]

这番话其实就是一个意思,仅仅照搬旧教之理论,依旧阐发旧世之风情,已不足以为人所信。要创造救世新药方,就必须借助新时代的科学成果,以论证"天人"的理论。

而创造教世理论的真正目的,康有为是要神化自己。康有为告诉人们,人生于星球即生于天上,本为天上人。但大家多不知天,眼界只为家、国、地球所蔽,因而只能算作家人、国人、地球人,故而一生苦而不乐。当今社会只有他,康有为本人,早已谙通历家,得孔子真传,悟大同之道,并借望远镜常观天体,早已悟出诸天之无量以及无量之人物、政教、风俗、礼乐、文章。所以这大半辈子,虽然身

[①] 康有为:《陕西孔教会讲演》,姜义华、张荣华编校:《康有为全集》第十一集,北京:中国人民大学出版社,2007年版,第285页。

[②] 康有为:《诸天讲自序》,姜义华、张荣华编校:《康有为全集》第十二集,北京:中国人民大学出版社,2007年版,第12页。

处地星之人间,却心游诸天之无量。他上天入地,出神入化,遨游无极,无忧无惧。如此,他才历劫无恙。如此,他才得俯视地球,觉其不及沧海之一粟;俯视人间,觉其不及南柯之蚁国也。如此,他才陶陶然,浩浩然。因此,唯有他才能帮助人们摆脱人间之苦。康有为直言不讳地宣称:

> 吾之谈天地,欲为吾同胞天人发聋振聩,俾人人自知为天上人,知诸天之无量人,可乘为以太而天游,则天人之电道,与天上之极乐,自有在焉。①

康有为很佩服汉代的董仲舒,他多次自称私淑董仲舒多年,他想做一个现代的董仲舒。汉代的董仲舒借助古代的自然科学知识创造了一个儒学神学化的孔学而显世扬名,而康有为也想借助近代科学创造一个新的孔教而显世扬名。

三、广收门徒乐为师

如果说晚年的康有为还有所追求的话,那就是他的好为人师、诲人不倦之志依然没有泯灭。

康有为酷爱书画艺术,无论是流亡国外还是国内讲学,所到之处,他都十分注意收集书画、雕塑艺术品。他本人的书法艺术,也是积几十年之功底而自成一体。其书法格调或质朴雄厚,或潇洒奔放,或飘逸灵动,或拙中见巧。他往往一纸在手,游刃有余,落墨之处,大胆泼辣,随心所欲而不逾其矩。

加之康有为名气在外,当时的官僚、地主、军阀、富商,无不企盼能得到一幅"康圣人"的作品。这样,康有为的书法倒成了其增加生活收入的一项生财之道。他在报刊上大登卖字鬻格广告,无论中堂、楹联、条幅、横额、碑文杂体,皆有求必应,无所不写。于是,以字会友便成了晚年康有为一项重要的交际活动。有志于

---

① 康有为:《诸天讲自序》,姜义华、张荣华编校:《康有为全集》第十二集,北京:中国人民大学出版社,2007年版,第13页。

书法的年轻学子纷纷登门求教,而康有为也十分乐意与有作为的年轻书法爱好者相互切磋,传授技艺。于是留下了许多有关康有为乐为人师的佳话。

著名画家徐悲鸿是1916年3月经人介绍认识康有为的。初次相识,徐悲鸿就为康有为雍容豁达、率直敏锐的气质所倾倒。执弟子礼于康门之下,得纵观其所藏,如书面碑版之属,殊有佳者,相与论画,尤具卓见,使徐悲鸿得益不浅。康有为也十分器重徐悲鸿,以兄弟相称,积极策划并促成徐悲鸿与蒋碧薇的婚事。徐悲鸿去日本观光写生,康有为设宴饯行,并亲书"写生入神"的题词相送。徐悲鸿希望到巴黎学习西洋画法,康有为勉励他先去北京,深入研究中国古代绘画艺术,再去欧洲深造,以利于通融中西画技。徐悲鸿临行前,康有为亲笔写下了"以壮行色"四字赠送给他,并介绍徐悲鸿去结识他在北大的弟子和蔡元培校长,为徐悲鸿施展才华开了通途。

刘海粟与康有为相识是在1922年的一个画展上。康有为看到刘海粟的画,为其"老笔纷披,气魄雄厚"所惊叹,想象他必定是50多岁的老翁,当25岁的刘海粟站在他面前时,康有为更是大为叹服。第二次两人见面时,康有为执意要收刘海粟为学生,刘海粟欣然同意,遂执弟子礼。每逢周五,刘海粟便到康有为家学习篆书、甲骨文、金文,认真临摹各种碑版。康有为还把自己新著的书法理论著作《书镜》赠送给刘海粟。1924年,刘海粟主持的上海美专扩建校舍,盖起了主楼"存天阁",康有为亲书"存天阁"三个遒劲雄健的大字相送。康有为与刘海粟交往甚密,情意相笃,留下了许多感人的佳话。

肖娴是位才女,自小随父学书法。13岁为广州大新百货公司落成典礼书写一丈二尺长的对联而闻名于世。1922年因避战乱,举家迁沪。康有为见到肖娴临写的《散氏盘》铭文后,欣然在临本后跋曰:

  笄女肖娴写散盘,雄深苍浑此才难。
  应惊长老咸避舍,卫管垂来主杏坛。①

教育近代化中的康有为

　　康有为希望她能成为卫铄、管仲姬式的艺术家。肖娴闻此,非常喜悦,立即写了榜书楹联"大哉南海,慕尔须弥"回赠康有为。1923年12月,肖娴随父登门拜见康有为,正式入室拜师。此后她在康有为指导下,致力摹写魏碑,钻研《书镜》,日夜临池,书艺大进,其书法逐渐脱去闺阁之气,于是她取笔名"蜕阁"。

　　崔斯哲也是热心向康有为求教书法技艺的一个学生。他居官江苏,经常到上海登门向康有为请教,康有为以"凡尊碑卑唐之旨,平腕竖锋、虚掌实指之理,一一晰谕之"。崔斯哲虚心苦练,将所写真书请正康有为,康反复批阅,喜而赞曰:"书权朴厚,后补以柔和,专学郑文公可也。"再过一年,崔斯哲又将所写隶书、行草呈送康有为,康有为阅后高兴地说:"书法日进,以隶为佳,行草板着,宜取《圣教序》及《阁帖》之妙美者,临三四月,然后示我,当有以进君也。"②1922年春,崔斯哲调任山西,师徒东西万里,无由会面。崔斯哲严定功课,持之以恒,写四体书从不间断。有一次还专程前往上海登门拜谒康有为。康有为病逝,崔斯哲为了怀念老师,手抄康有为诗作成《康南海先生诗集》18卷,并于1936年由商务印书馆出版。

　　康有为好为人师,爱护青年,尽管有些观点与年轻人不合,但他都能宽容待之,友善交往,得到了年轻人的一致好评。徐志摩得梁启超介绍而见康有为,康有为与他在杭州西湖小瀛洲的草地上论诗谈画,临别,很动情地嘱咐志摩:"吾与尔辈生于神州,有幸之至,当于学术上有大树建大发明,勿负此生!"徐志摩事后很感慨地谈起此事,说:"因为长期随任公先生受业,按旧例我不过徒孙辈,老先生这样恳切相见,我是没齿难忘!"胡适去见康有为,康有为与他坦诚相见。甫一落座,康有为便开门见山:"你久享大名,对青年后学要负责任哪!"继而又说,"你对打倒孔家店很起劲,这家店很难打倒啊,哈哈哈哈!"再接下去便与胡适转而讨论中国近代哲学,不再谈孔子。临别,他真诚地对胡适说:"胡先生,你很勤

---

　　① 刘海粟:《忆康有为先生》,夏晓虹编:《追忆康有为》,北京:中国广播电视出版社,1997年版,第393页。

　　② 崔斯哲:《康南海先生诗集跋》,夏晓虹编:《追忆康有为》,北京:中国广播电视出版社,1997年版,第350页。

奋,有才,肯作学问,虽未达深厚渊博的境界,也是个难得的人才,有见解。欢迎你常来谈谈!"上海美专每逢纪念活动,刘海粟都请康有为参加,康有为也每次都给师生们讲授书法。军阀孙传芳下令禁用模特儿之后,康有为十分关心刘海粟的安全,有一天竟连续三次赶赴美专,劝刘海粟离开,以免遭毒手。①

四、天游学院显心志

1926年,康有为69岁了。

这时的康有为,已是白发苍苍,垂垂老矣,但他却于这一年在上海开办了一所万木草堂式的小型学院——"天游学院"。他自任院长兼讲经学,并聘了当年万木草堂弟子龙泽厚为教务长兼授经学,阮鉴光等昔日好友分任各科讲学。他将康公馆临街的一幢两层楼房腾出来充当校舍,于1926年3月正式开学。

康有为为什么要办这所学院?他本人未有专文论述,当年天游学院的学生蒋贵麟在《追忆天游学院》中说:

> 民国十四年冬,康师以所志不遂,绝意政治,且以圣道凌夷,人心陷溺,乃将游存庐右首楼房拨出,招徒讲学,作为培养人才之所,名曰天游学院。天游学院所揭橥之宗旨,乃研究天地人物之理,为天下国家之用。②

学生的这段话倒是道出了康有为的心志,其因所志不遂而欲绝意政治,然又分明摆脱不开忧虑圣道凌夷、人心陷溺的困扰,才有了以培养人才为天下国家之用的举动,这其实还是为了政治。可见晚年康有为的心志,意欲"天游",其实是为了"地上"。有一次,刘海粟请教康有为"天游化人"的含义,康有为缓缓地说出他的隐痛:

> 襄年有一拙句:"避人避地与天游。"盖人一出世,忧苦随之,小者以身家

---

① 刘海粟:《忆康有为先生》,夏晓虹编:《追忆康有为》,北京:中国广播电视出版社,1997年,第387—394页。
② 蒋贵麟:《追忆天游学院》,夏晓虹编:《追忆康有为》,北京:中国广播电视出版社,1997年,第459页。

教育近代化中的康有为

忧，大者为国家天下忧，身心为役，精力尽耗，实一囚徒耳，非人囚之，自囚也。不忘数十年前离合悲欢，荣枯得失，爱爱仇仇者，囚于过去；遇事三反四复，畏首畏尾，唯恐他人误会，自己无日不误会他人，可成之事亦因循息堕，不了了之，此囚于现在者也；期待他日治国平天下，荣华富贵，子孙贤智，明知无望，放不下来，是囚于未来也。欲多而无觉心，那得不苦？吾亦庸夫，不能自免，力求见其大，心游物外，驰骋于九天之上，徜徉于寥廓之间，千秋一瞬，山岳一丘，欲念既少，身心泰然，方寸和平，福在其中，无物撄心，此天游之真谛也。①

这段心曲展示了晚年康有为的无奈，连刘海粟在听了这一番话后也不相信康有为是真心超脱，他说："先生并非甘于寂寞的超脱之人，用这些话来慰己、慰人，也是环境使然。我以为，以天游为号，正是不能心与天游的结果。"②康有为口口声声要"天游"，其实质是因为他对现实社会的不满。康有为的确老了，但他并不服气；康有为确实屡屡不得志，但他绝不甘沉默；康有为的时代确实过去了，但他还想抗争。况且，近代新旧文化的论争并未有结论，近代新旧社会体制的探索也并未有定论，康有为何以肯轻易地退下阵来？康有为宣传"天游"，就是要唤醒国人对共和政体的迷茫盲从，从而回过头来跟随他以增强对逝去时代的追求。

很显然，康有为创办天游学院，是意欲借助一个讲台，以救世主的身份，来宣传天游之道，培养天游之徒，以再现昔日万木草堂的辉煌，实现人生的最后一搏。他在天游学院的讲室内高悬一副对联：

天下为一家，中国为一人。

知周乎万物，仁育乎群生。

康有为在天游学院主讲的课程是天文，他专门著有《诸天讲》作为教材。全书由《地篇》《月篇》《日篇》《银河篇》《上帝篇》等15篇组成。他要借助科学的外衣，为自己的"大同世界"套上一圈神圣的光环。他力图从宇宙规律的高度，来从根

---

① 刘海粟：《忆康有为先生》，夏晓虹编：《追忆康有为》，北京：中国广播电视出版社，1997年版，第372—373页。

② 刘海粟：《忆康有为先生》，夏晓虹编：《追忆康有为》，北京：中国广播电视出版社，1997年版，第373页。

本上提高学生对孔教的认识。将孔教宗教化,将"大同"神圣化,这就是康有为创办天游学院的心志所在。

正由于此,康有为规定天游学院开设五门学科,即道学、哲学、文学、政学、外国文,然其基本骨架还是万木草堂的义理之学、经世之学、考据之学、文字之学这四个学科。万木草堂的学科名称明显脱胎于传统学,而天游学院的学科名称则更多地顺应于现代学。万木草堂的课程侧重点在经世,而天游学院的课程侧重点在哲学。在哲学学科中,其课程最多,内容最杂,包括天文、地理、电学、生物、人类、人道、周秦诸子、东西洋哲学、心理、论理、人群、灵魂、鬼神、大同等14门。其间古今中外、唯物唯心、人类鬼神,兼收并蓄。与万木草堂的课程相比,它失去了当年追求真理的豪气和立志经世致用的灵气。

康有为的办学思路,是要将古代书院与现代学校结合起来。继承中国古代书院的制度,是为了继承读书与修身相结合的传统,是为了加强研讨学问的地位,强调演讲与讨论相结合的教学形式,追求教师与学生的亲密关系。吸收现代学校的管理体制,是为了加强教学质量的规范化和学制的规范化。天游学院采取预科一年,本科二年的学制。预科补习经、史、子、文各学,以植根柢,毕业升入本科。天游学院另外招收特别生,对那些不能依规定学科修业者,允许来院随意听讲,不拘年限。天游学院的学生主要功课在笔记,听课之后按指定课外阅读书目作读书笔记,每半月作论文一篇,随同笔记一并送呈康有为批阅圈点。此外,康有为还不定期地分班召集学生,考问所学。正规考试则为每学期及学年之终各举行一次,以决定升留级及毕业。这种办学模式,取书院及学校之所长,以探索一条新式学校的路子,还是具有启迪的价值的。

天游学院右边有一平房,康有为题有"三本堂"的横匾,室内供奉昊天大圣孔子及康氏祖先之神位。康有为认为,人受生于天,受教于圣,传类于祖宗父母,这三者为人生之本,绝不可惑。每逢朔望,他必要亲率全体家人至此焚香叩头。孔子圣诞之日,他则要率领所有学子来此祭祀。这一规定又使天游学院带有明显的守旧色彩。

康有为的讲学,风采依然不减当年。他每周上课两次,每次为上午9点至11点。他上课不拿书本,全凭记忆,也无预定范围,兴之所至,随意挥洒,想到哪讲到哪。讲课时旁及西方政治、经济、哲学、佛学、时事。每论及虚君共和,热情不衰。他除了主讲《诸天讲》,还讲文章、书法及各家杂说。他讲文章,选文极严,且并不注意文法章句,喜欢"微言大义"。他讲书法,不仅讲解书法理论,评述书法历史,还亲自向学生作书法示范。一日康有为作楹联,召集学生现场观摩,并赠送给每个学生对联一副。康有为讲课,常常借景抒情,据事论理。当年天游学院学生唐以修后来回忆说:

> 尝忆岁某夕,先生召天游学院诸生,集于所居天游堂庭阶之西偏。时夜将半,凉风飒飒,纤云四卷,天宇澄澈。须臾,皓月东升,清光流辉,园中四顾寂静,林木疏影泻地。先生曰:"美哉斯境,可矣!"乃出远镜,相率矫首引望。仰窥云汉,星月灿灿,光芒晔煌,咫尺相距,不禁目炫神经也。先生复进左右,莞尔而言曰:"人生天地间,智愚贤不肖,虽各有其差,而终身役役,内摇其心,外铄其精,忧乐相寻,小者则忧其身,忧其家;大者则忧其国,以及天下。常苦忧多而乐少。然见大则心泰。吾诚能心游物表,乘云气而驾飞龙。逍遥乎诸天之上,翱翔乎寥廓之间。则将反视吾身、吾家、吾国、吾大地,是不啻泰山之与蚊虻也,奚足以撄吾心哉!"①

但是,天游学院的宗旨终归落伍于时代,所以报读者寥寥。第一学期注册的学生不满二十人,最高峰时也不过九十余人。但康有为并不泄气,他说:"上海各大学人数动辄千百,我院只有二三十人并不为少。耶稣有门徒十二人,尚有一匪徒在内。今其教遍于天下,岂在多乎?"②这番话多少透出露康有为创办天游学院的本意。他很想再创当年万木草堂的辉煌,很想借助天游学院再去开启一个他所梦想的时代,很想在他的有生之年为历史再添上重重的一笔。但时代毕竟不同了,把梦想寄托在历史已翻过去的一页上,也只能发出这样心有余而力不足的哀叹,也只能作些无可奈何的自我慰藉。天游学院只开办了一年,便随着康有为移居青岛而无形解体了。

---

①唐以修:《诸天讲·跋》,姜义华,张荣华编校:《康有为全集》第十二集,北京:中国人民大学出版社,2007年版,第132页。

②任启圣:《康有为晚年讲学及其逝世之经过》,夏晓虹编:《追忆康有为》,北京:中国广播电视出版社,1997年版,第471页。

结语　天乎人间是何世，命也我生逢不辰

康有为带着巨大的遗憾走了。他一生的志向是想做一个如同孔子那样的圣人，让历史铭刻下如同孔子那样的伟名。然而一生历尽艰辛，弄得心疲体衰，最后只能以"天乎人间是何世，命也我生逢不辰"来表达他对时代潮流的无可奈何。

然而，历史却记住了他的辉煌。当他站在时代潮流的风口浪尖之上时，他在万木草堂大海般的呐喊，他在维新变法浪潮中的弄潮身姿，他寄托在《大同书》中的教育理想，都在历史上留下了辉煌的一笔。弟子们记住了他，是钟情于他独树一帜的万木草堂讲学。历史记住了他，却是他在中国教育近代化进程中顺应潮流拉车前进所表现出来的伟力。

历史不会忘记，当洋务教育步入维谷之时，是康有为振聋发聩的呐喊，深化了近代思想解放的启蒙运动，从而迎来了近代教育改革的第二次高潮。

当时，传统教育机制有效地遏制住了洋务教育的发展势头，传统价值观念严重地阻碍着新式教育的进步。"恪守祖训""祖宗成法不可变更"的信条有如血盆大口，直欲吞噬刚刚萌芽的新式教育。虽然，洋务派人士及早期启蒙思想家们也在不断地引进西方教育的成法以反思洋务教育的不足，但这些零星微弱的抗争远不足以震撼根基深厚的传统习惯势力。近代教育改革呼唤着一场更为狂飙的思想解放飓风。这时，是康有为顺应时代潮流而站了出来，他以《孔子改制考》和《新学伪经考》两本巨著，在当时的知识界和教育界掀起了一场飓风。

康有为的历史功绩在于他以更为深刻、更为令人信服的理论来张扬救亡图

存、富国强国的时代主题,为深化教育改革鸣锣开道。当年的洋务派只是从"务虚者败、务实者胜"这一直观的角度,为洋务学堂的开创而张目,而康有为则是从历史进化论的角度阐发了因革改制方可救亡图存的理论,从而为教育体制的改革铺平了道路;当年的洋务派只是从"事不如人则深为可耻"这一直观的角度强调了教育改革的必要性,而康有为则是从论证刘歆伪造经学着手,从根本上动摇了人们盲目信奉的祖训祖法的基础,深刻地论证了教育改革的必要性和正当性;当年的洋务派只是从直观的感性的层面来规划着修修补补性质的教育改革事业,而康有为则是从理论的高度论证了维新变法这一时代主题,给了国人思考教育改革一个新的视野、新的角度、新的振奋、新的希望。这些理论的深化为彷徨于十字路口的近代教育改革洞开了一个新的方向和新的天地。

康有为构造的理论之所以能在当时脱颖而出,独步一时,为近代教育改革洞开新的方向和新的天地,根本在于它的呼声反映了中国新生资产阶级的要求。虽然从理论结构来看,康有为的"托古改制"理论并没有从根本上摆脱洋务派的"中体西用"的窠臼,但就其内涵来看,二者却有着本质的不同。洋务派所据守的"中体"是封建的专制制度和伦理纲常,而康有为所倡导的"中体"则是经他阐发的孔子改制之说,是经他改造的贯穿了经世致用精神的传统经典。洋务派所引进的"西学"局限在"西文""西艺"这些粗浅的范围内,而康有为所倡导的"西学"则增加了"西政"的内容。虽然后期洋务派首领张之洞也接受了"西政"这一概念,但他的"西政"内容只包括学校、地理、度支、赋税、武备、律例、劝工、通商等,而坚决反对康有为在"西政"中关于议会政治和民权思想的内容。所以从总体而言,洋务派的"中体西用"是一个防御性的文化保守主义的口号,其立足点是为了维护专制政体。而康有为的"托古改制"则侧重于改制,侧重于加大发展资本主义的力度。康有为正是通过这一理论特性,把近代的思想解放运动纳入到资产阶级思想的光照之下。

康有为理论眼光的新颖之处还表现在他对国民素质即所谓民智的关注上。他从人的自然属性这一角度,强调了人的独立性和平等权利。他在《实理公法全书》中,从"人各分天地原质以为人"和"人各具一魂"的公理出发,肯定了"人有自主之权"①。因而在社会关系中,人与人之间是平等的,维护人的自由权利,就是维护做人的资格。他的《大同书》就是以张扬资产阶级人道主义为根本出发点,对维护封建专制制度和家族宗法制度的纲常名教进行了猛烈的抨击和尖锐的批判。他明白地宣示,在宇宙间,人是最可宝贵的,人是天地之精英。他认为,世间评判是非善恶应以人为标准。"凡有害于人者为非,无害于人者则为是",人类奋斗和进步应以恢复"人为万物之灵"的价值,恢复人的尊严和人的权利为终极目的。他说:"为人谋者,去苦以求乐而已,无他道矣。"他在书中设计的一套完美的教育制度,就是要在理想社会中创造一个同为世界之人、同育公家、同学公学、万千并头、喁喁向上的教育环境,为人生追求极乐境界奠定基础。虽然康有为在这里所宣传的"人"还局限在自然人的范畴,所宣传的人道主义也只是一种幻想,但这些主张却突破了抽象的、附庸的、家族意义上的人的传统框架,将近代教育改革目标的思考从洋务教育对技艺的关注引向了对人的智力素质的关注。这一理论视野为近代中国人关注国民素质开了先河。

康有为的历史功绩不仅体现在从理论上为近代教育改革摇旗呐喊,而且体现在从实践上为近代教育改革的深入推波助澜。洋务教育虽然在教学内容的层面上突破了传统教育的框架,然受制于传统教育体制的束缚而不能有大的作为。当时反思洋务教育的呼声虽然此伏彼起,但大都不得要领而难成气候。康有为顺应潮流,把握机遇,敏锐地抓住教育体制改革这一关键,鲜明地树起了"变科举""兴学校"这两面旗帜,确定了近代教育改革的新突破口。康有为的智慧和胆魄在这一斗争中表现得淋漓尽致。其变科举,以废八股为目标,借此将传统教育体制狠狠地敲打了一番。其兴学校,以构建新学校为目标,意图从学校体制上确立新式教育的地位。这一破一立,开创了近代教育改革的新局面,将近代教育改革从教学内容的层面引向了制度改革的层面。中国教育改革的近代化方向至此已日趋明朗,近代新学制的建立也成为不可逆转的趋势。

康有为的名字因着这些业绩而彪炳史册。人们只要谈起近代的教育改革,谈起近代思想解放,就不可能越过康有为,康有为的历史地位也因此而奠定。从这

---

① 康有为:《实理公法全书》,姜义华,张荣华编校:《康有为全集》第一集,北京:中国人民大学出版社,2007年版,第148页。

教育近代化中的康有为

个意义上讲,康有为的历史功绩与孔子具有同等意义。两人都是处于中国教育发展的历史转折关头,也都顺应了教育发展的时代需求而奋力呼号,并都为教育的进步作出了贡献。从这点看,康有为晚年在寿联上以孔子自诩,以历尽磨难志有所成而得意,这确实是他人生的一大慰藉。

当然,康有为在寿联上表现的愤世之情则是不客观的。他晚年爱模仿孔子的口吻,在外人面前谈天说命,哀叹世事不公,大有一副上帝之子落难人间的架势。他将晚年的不得志归咎于天,哀叹"天乎人间是何世,命也我生逢不辰",似乎世人皆醉唯其独醒,世道浑浊而其回天无力。其实,康有为至死也没有明白,随着教育近代化进程的进一步深入,使他从这一潮流的浪尖上跌落了下来,是他自己渐渐地游离于这一潮流之外,由隔膜而渐趋对立。在同一个人身上,在同一股潮流的卷裹之下,时间的间隔并不长远,康有为的前后表现却判若两人,这实在令人扼腕。

扼腕之余,人们不禁要问:康有为何以会在教育近代化的进程中落伍?

中国教育近代化要实现的是由传统教育向现代教育的完全转化。它要将与几千年来自给自足的自然经济基础和封建专制政体相适应的传统教育,逐步向与近代大工业生产和资本主义发展相适应的新式教育演变转化。这是一场深刻的全面的教育变革。它不仅表现在教学内容、教育制度、教学方法和手段等物化层面的彻底变革,而且还表现在教育理论、教育思想、教育观念、价值取向等观念层面上的深刻变革。加之中国近代教育改革又是在中西文化的碰撞下进行的,是在救亡图存的时代主题下萌发与深化的,这就更增添了这场教育改革的复杂性和艰巨性。这些特性也就决定了中国教育的近代化是一个漫长的历史过程。它是一个在资产阶级革命光照之下,以近代世界先进教育水平为标杆来构建中国新教育精神的历史过程。

康有为纵身一跃投身而入的就是这么一股时代潮流。那么,康有为的思想准备和素质准备是否具备了横渡教育近代化彼岸的水准呢?

康有为渴望中国加大改革开放的力度,但他对新式教育并没有作过深入的研究,对资本主义教育并没有透彻的认识。康有为向往西学,热盼科学,但他的西学功底并不深厚,并不扎实。他只是从当时的启蒙小册子中零星地接触了一些西学知识,并没有系统地学习过近代自然科学,更没有认真地阅读过西方资产阶级经典著作,因而他对近代资产阶级教育精神的领悟只停留于表层的印象而缺乏本质的把握。这样的知识结构便极大地局限了康有为的教育改革理想。

康有为痛恨传统教育的腐朽,痛恨封建伦理纲常对人的摧残,痛恨八股取士的空疏无用,但康有为的感情深处却存留着对封建制度和君主朝廷的深深眷恋,这便大大减弱了他对传统教育的批判力度。以致发展到晚年,康有为甚至沦落到美化传统教育,美化君臣伦常的地步。这种潜藏于深层意识中的情感导致康有为虽然承认了资本主义教育体制的先进,渴望中国也能出现学校林立、教育普及的景象,但他又极力将这一新制度寄托于三代先王以行之。这种以古为尚的传统思维模式使康有为认定近代的教育改革并非是根本变革旧制,而是以古时之良法,参以西法,来改善现存的教育制度。这样的思想决定了康有为在近代教育改革进程中不可能走得太远。

当然,康有为不太愿意承认这些,他总说自己是个遨游星空、洞悉宇宙的先知先觉者。但梁启超却很直率地指出了他们生活于西学传入尚不深广的"学问饥荒"之时,因而只能"冥思枯索,以构成一种不中不西、即中即西之新学派",他们的"固有之旧思想,既深根固蒂,而外来之新思想,又来源浅觳,汲而易竭,其支绌灭裂,固宜然矣"①。这一事实典型地说明了康有为乃至维新派的素质水平带有极大的时代局限。

而且,儒家学说中过分看重和夸大主观作用的偏颇也对康有为影响至深。康有为热盼教育改革早日成功,中国早日富强,但他对改革的艰巨性和复杂性缺乏足够的估计和充分的思想准备。他在规划每一件改革事项时,总是依据自己的主观想象而妄下定论,总爱发出三年可成、五年大见成效之类的许愿,把复杂的社会改革事业看成是如同揉捏面团那般轻易的东西。

康有为的这些素质缺陷最终导致了他在教育近代化进程中的落伍。当他忧虑国运危蹙,渴望加速资本主义进程,立志拯救人民于水火时,他的愿望正好顺

---

① 梁启超:《清代学术概论》,张品兴主编:《梁启超全集》,北京:北京出版社,1999年版,第3104页。

教育近代化中的康有为

应了教育改革的时代潮流。这时的康有为搏击风浪得心应手,风流倜傥。当教育近代化潮流奔腾得更为迅猛,更为高涨时,这位弄潮儿便觉得这风浪太险,这历程太远,甚至觉得这潮流欢歌奔向的彼岸根本就不是他所想象的彼岸。于是,他上岸了。眼睁睁地看着时代潮流东去,他只能发出几声诅咒、几声哀鸣。

康有为的悲剧是时代性的。近代中国是个新旧交替变革剧烈的时代。生活于这一时代的人无一不受到新旧竞争、中西碰撞的影响,康有为的素质缺陷在这样的历史条件下几乎是不可避免的。中国社会近代化进程的萌发,并不是产生于社会本身经济结构的变化需要,而是由世界资本主义潮流的冲击而促成的。开启这一进程的洋务派并不是新生阶级的代表,而是旧阶级、旧制度的维护者,其眼光、其目标、其手段、其措施都决定了中国近代化进程不可能一步到位。靠洋务运动的开展才得以产生的中国资产阶级,自然与封建主义有着天然的联系和难以割舍的感情。这样的政治、经济环境决定了中国近代化进程的曲折性和复杂性,中国近代所涌现的每一政治派别的眼光和素质又决定了近代社会改革的阶段性。这一漫长的历史过程不可能在一代人手中完全实现,它只能由数代人如同接力赛那样,不断地将教育近代化的火炬一步步地送往终点。每一时代的先进人物都不可避免地存在着严重的素质缺陷,都不可避免地烙上那个时代的印记。换句话说,中国教育近代化是一场全方位的深刻的教育改革,然而近代中国的政治、经济环境并不具备造就能够自始至终推进这一进程的杰出人物的条件。康有为的悲剧就是这种历史条件下的产物。

问题是,素质缺陷是可以弥补的。一个人只要能真诚地追随时代潮流,不断地更新和调整自我追求,就能跟上时代步伐永不落伍。康有为恰恰是在这一问题上为自己的悲剧结局埋下了隐患。

康有为很早就萌发了以经营天下为己任的志向。面对民族苦难和国家危亡,他立志拯救国家、人民于水火,年轻时就喊出了"布衣何处不王侯"的强音。康有为忧国忧民,立志于此确属难能可贵。但是,康有为过高地估计了个人作用,对自己缺乏客观的评价和清醒的认识。他改革每有创获,便"森然有天上地下惟我独尊之慨";他思虑救国途径,常常"纵横四顾,有澄清天下之志"①。他认为天下皆醉唯我独醒,唯有靠他才能唤醒人们的"后知后觉",唯有靠他才能为受苦受难的大众指引人生极乐之路。维新运动时期他顺应潮流的振臂一呼,更使他为自己的"先知先觉"而感动,他渴望君临天下的欲望也因之膨胀。只是由于封建正统思想的作祟,他把个人追求定位在"教主"这样一个角色,以期望依附朝廷借助皇权而号令天下。

这一定位与他的自信乃至固执性格相结合,导致康有为的思维定式开始趋于封闭和保守,导致康有为的自我中心的欲望极度膨胀。为了神化自己,他有意将自己封闭起来,公然鼓吹"吾学三十岁已成,此后不复有进,亦不必求进"②。其实,"不复有进"是假,康有为的思想成熟正是在 30 岁以后。而且随着维新运动的开展以及流亡国外,甚至在他的晚年,康有为的思想和主张都处于变动之中,都在随着形势的变化而修正着自己的观点。但他内心的"不必求进"则从主观上断然杜绝了追随时代潮流不断更新不断调整的一切可能性。他决然地拒绝一切有关资产阶级革命的思想,辛亥革命后顽固地坚持尊孔读经,公然地参与复辟活动,都是其思想上故步自封的直接后果。

为了神化自己,他祭起了孔教的旗帜。如果说维新运动时期康有为的尊孔对历史的进步还具有积极意义的话,那么,辛亥革命后康有为的尊孔则全然是为了树立自己的权威。他不是客观地历史地分析评价孔子的学说,不是批判地辩证地认识孔子学说的价值,而是通过吹捧和美化封建社会来神化孔教。他仿效着汉代的董仲舒,企望借助近代科学来神化孔教而构建他的宗教理论,甚至不惜掺杂进大量封建迷信的东西来阉割科学。科学在他的手中成了宗教的婢女,孔教也只是披在他身上用以吓人,用以抬高身价的一张虎皮。康有为一生的两次尊孔,正好显露了他从早年追求人格的重塑滑落到后期人格的失落这一思想轨迹。

为了神化自己,他处处以人神自居,在门徒同党中大搞个人崇拜。他听不得

---

① 梁启超:《南海康先生传》,张品兴主编:《梁启超全集》,北京:北京出版社,1999 年版,第 483 页。
② 梁启超:《清代学术概论》,张品兴主编:《梁启超全集》,北京:北京出版社,1999 年版,第 3100 页。

教育近代化中的康有为

不同意见，更不允许有人违逆他的意志。他一方面要求别人极严，在同党及家人中大行家长作风，另一方面对自己则纵欲奢侈，挥霍无度。对这一点，近代人早有议论。当时有人曾将康有为与孙中山相比，作了如下的评价：

> 无论提倡保皇也好，革命也好，他们经济的来源，都是完全靠南洋华侨的。在起初，当然保皇两个字，是比革命来得动听，容易渗入侨胞脑筋里，叫他们拿出钱来，康、孙两位先生，都募集过许多华侨的钱。但是康先生处顺势，而并未成功，孙先生处逆势，但他革命却成了功，这是什么缘故呢？在这里你可看出两位先生作风不同。原来康先生钱弄到手，便去外国开银行，大买其爹亚士的手杖、拿破仑的帽子、路易十四的御椅，以及一切外国洋古董，来装饰自己，完全为自己打算；保皇运动，只好在纸片上发表发表而已。只知道自己而没有团体，没有群众，他哪里能成功呢？孙先生却不然，所有弄到手的钱，无论做宣传也好，暗杀也好，运动军队也好，总是全部用在革命上面，用在党上面。所以他会得到最后的成功。孙先生是事业家，是要在实行上面做的。康先生还不过学者而已，最初当然由爱国心所鼓励，到了经过变故，便表达不出他的组织能力，玩玩洋古董，做做长文章，大骂牝后，大詈满洲亲贵，也还脱不了书生名士的习气，所以成就就远远不如孙先生了。①

此论确实入木三分。这种理论一套实践一套的作风，与早年康有为的作风相比，其变化是显而易见。早年的康有为忧国忧民并付诸行动，其人格是统一的。然而后期的康有为则是说的一套做的一套，统一的人格实际已分裂为二。对后期康有为走向人格分裂的状况，连他的学生在给他作传时也绝不肯讳言：

> 先生日美戒杀，而日食肉；亦称一夫一妻之公，而以无子立妾；日言男女平等，而家人未行独立；日言人类平等，而好役婢仆；极好西学西器，而礼俗、器物、语言、仪文，皆坚守中国；极美民主政体，而专行君主；注意世界大同，而专事中国。凡此皆若甚相反者。②

---

① 曾克耑：《近代书家述评·康长素》，夏晓虹编：《追忆康有为》，北京：中国广播电视出版社，1997年版，第424—425页。

② 陆乃翔等：《南海先生传》上编，夏晓虹编：《追忆康有为》，北京：中国广播电视出版社，1997年版，第95页。

结语　天乎人间是何世，命也我生逢不辰

凡此种种，不难看出，康有为的思想演变已是日趋封闭保守。他所忧虑的只是其教主的地位能否实现，所追求的只是其教主的威严能否享受。这一思想的倒退便与奔腾向前的时代潮流南辕北辙了。

有必要指出的是，康有为立志做一个教主，其意并不在教育，而在政治。纵观康有为一生的追求，其对社会演变的兴奋点始终在政治方面。康有为办学、讲学，其真实目的是在纠集政治力量，其倡导教育改革也只是因为这是其推行政治改革目标的一部分，辛亥革命后其对教育界废除尊孔读经的不满，也是为政治而不是为教育。这也是导致康有为在教育近代化进程中落伍的一个重要原因。

教育近代化的一个重要任务就是要促使教育的发展逐步摆脱"政教合一"的模式，向教育的民主化和科学化的方向过渡。"政教合一"是传统教育的重要特征，这是人类教育不发达的反映。在这一模式下，教育的发展受到政治的高度控制，成为政治的工具和附庸，教育的进步也就必然要借助政治的变革才能实现。近代教育改革的发端就是如此。可以说，没有近代政治改革的开路，就没有近代教育的改革。在这样的历史条件下，康有为从政治改革着手来推动教育改革的深入，这是他在维新运动时期对近代教育改革卓有建树的根本原因。但是，随着近代教育改革的深入发展，"政教合一"的模式受到越来越大的冲击，现代教育的发展越来越要求遵循自身的规律。而康有为的思维定式依然停留于"政教合一"的老套上，依然习惯于从政治角度来评价近代教育的发展，依然根据自己的政治热情来调节关注教育的兴趣，以致他对辛亥革命后的教育越来越反感乃至失去兴趣。这是导致康有为日趋游离于教育近代化的进程之外的根本原因。从这个角度思考问题，应该是我们为康有为在中国教育近代化进程中的历史功过进行正确定位的主要途径。

后　记

应承这部书稿，原以为不需费太大的气力，然而真正着手撰写，才深刻领悟到"世界上没有免费的午餐"这句话的含义。任何创作，无论是理论探讨还是通俗读物，都不能有丝毫的投机取巧。

这部书稿于我最大的困难，在于短时间内要从中国教育近代化总进程之下，深入把握康有为这位历史人物。原来对于康有为的研究，多集中在清末维新变法这一历史时期，其评价相对单一。然综观几个历史时期来评价康有为的教育作为，其难度便增加了许多。其难度之一，中国教育近代化的进程本身就错综复杂，社会政治、经济、文化等因素渗透其中，以致有些问题至今都难有清晰的定论，这也必然会影响到对康有为的评价。其难度之二，康有为的人生目标并不是要做一个教育家，而是希望成为孔教的教主，其人生定位是在政治，而不是教育。因而要从教育角度对他进行评价，常常使我在落笔之时总是踌躇再三。平心而论，他在教育上的成功之处，在于他的政治宣传和鼓动，曾经为教育近代化的进程推波助澜。包括他当时所创办的或所主持的学校，为创开一种新教育风气，确实具有引领潮流的伟力。但中国现代教育发展的根本意义，是要让教育真正回归到教育，回归到培养现代人的教育。只有从这个标准来反思教育近代化的进程，我们才可能认清这段历程的曲曲折折和是是非非。而康有为的人生遗憾，在于他没有根本摆脱"政教合一"的窠臼，他的内心深处依然还是将教育视为政治的工具，导致他的教育改革追求不可能走得太远，并导致他离教育近代化的潮流渐行渐远。我认为，这应该是我们从教育近代化角度评价康有为的视角所在。依据这个标准，我的这本次册子不知是否很恰当地展现了康有为的教育功过，希望得到广大读者的批评指正。

王建军

于华南师范大学